Freizeit- und Erlebnisführer Bayern

Die schönsten Familienausflüge
zwischen München und Oberstdorf

Armin Scheider

DER AUTOR

Armin Scheider, geboren 1935 in Unterfranken, lebt seit fast
30 Jahren in München und hat sich in den letzten eineinhalb Jahrzehnten intensiv mit Freizeitgestaltung – Schwerpunkt bayerisches Alpenvorland – befasst. Er ist Autor von sieben Freizeitbüchern zu den Themen Radeln, Wandern und Ausflüge. Sein Bemühen war es stets, die Touren benutzerfreundlich aufzubauen und über den sportlichen Aspekt hinaus auch Kunst, Kultur und Landschaft in das Tourenerlebnis einzubeziehen.

Eine Produktion des Bruckmann-Teams, München
Lektorat: Ursula Klocker-Huber, München

Umschlagvorderseite: Zwischen Garmisch und Grainau

Umschlagrückseite: Wieskirche

Alle Fotos und Karten vom Autor

Alle Angaben dieses Werkes wurden vom Autor sorgfältig recherchiert und auf den aktuellen Stand gebracht sowie vom Verlag auf Stimmigkeit geprüft. Für die Richtigkeit der Angaben kann jedoch keine Haftung übernommen werden. Für Hinweise und Anregungen sind wir jederzeit dankbar. Bitte richten Sie diese an den Bruckmann Verlag, Lektorat, Nymphenburgerstr. 86, 80636 München.

Gedruckt auf chlorfrei gedrucktem Papier

Die Deutsche Bibliothek – CIP Einheitsaufnahme
Ein Titeldatensatz für diese Publikation ist bei Der
Deutschen Bibliothek erhältlich

**Gesamtverzeichnis gratis:
Bruckmann Verlag, Nymphenburger Strs. 86, 80636 München
Internet: www.bruckmann.de**

© 2000 Bruckmann Verlag GmbH, München
Alle Rechte vorbehalten.
Printed in Italy by Printer Trento s.r.l.
ISBN 3-7654-3575-9

Inhalt

Kleiner Leitfaden 6

Münchner Umland/West 10
Einzelziele in der Region 10
1 Osterseen	12
2 Starnberger See	15
3 Würmtal	23
4 Fünfseenland	26
5 Ammersee	31
6 Landsberg	39
7 Fürstenfeldbruck	46
8 Dachau	50

Allgäu 60
Einzelziele in der Region 60
9 Oberstdorf	62
10 Alpsee / Oberjoch	71
11 Kempten	80
12 Ostallgäu	90
13 Füssen	96

Oberbayern/Südwest 104
Einzelziele in der Region 104
14 Weilheim	106
15 Schongau	112
16 Pfaffenwinkel	117
17 Staffelsee	123
18 Oberammergau	129
19 Loisachtal	134
20 Garmisch-Partenkirchen	137
21 Kochelsee	145
22 Mittenwald	151
23 In der Eng	158
24 Jachenau	164
25 Bad Tölz	169

Register 175

Kleiner Leitfaden

Ausflug gefällig? Dieser Führer präsentiert die attraktivsten Freizeitziele zwischen München und Oberstdorf, die bekannten ebenso wie die verborgenen abseits der Hauptrouten. Diese Region bietet ihren Besuchern faszinierende Landschaften und vielerlei kulturelle Einrichtungen, aber auch Freizeitstätten und eine große Auswahl an Gasthöfen – kurzum: einen hohen Freizeitwert. Für Bewegung sorgen genußvolle Wanderungen und Radtouren. Burgruinen, Märchenparks, Erlebnisbäder und anderes mehr laden die ganze Familie zu abwechslungsreicher Freizeitgestaltung ein.
Die folgenden Seiten geben Ihnen einige praktische Hinweise zu Benutzung dieses Buches.

*„Traumlandschaft"
bei Habach nahe dem
Riegsee, eine von vielen
in diesem Buch*

Drei große Regionen

Das Gebiet zwischen München und Oberstdorf wurde in drei große Regionen unterteilt und durch die Farben Rot, Blau und Grün dargestellt:

Münchner Umland/West
Es erstreckt sich von den Osterseen über Starnberger- und Ammersee bis Landsberg und weiter über Fürstenfeldbruck und Dachau bis Oberschleißheim mit seinen Schlössern.

Allgäu
Umfasst sind die Seen- und Burgenlandschaft des Ostallgäus mit Füssen sowie das Oberallgäu, u.a. mit Oberstdorf, Kempten und Hindelang.

Oberbayern Südwest
Zwischen dem Isartal im Süden und dem Lechtal im Westen gehören zu dieser Region das Tölzer Land, das Werdenfelser Land und der Pfaffenwinkel.

Kleiner Leitfaden

Ausflüge und Einzelziele

Für diese drei Regionen wurden insgesamt **25 Ausflüge** zusammengestellt und wie folgt durchnummeriert: Münchner Umland/West 1 bis 8, Allgäu 9 bis 13 und Oberbayern Südwest 14 bis 25.

Jeder Ausflug enthält eine Reihe von **Einzelzielen**, unter denen Sie je nach Zeit, Lust und Kondition auswählen können. Insgesamt bieten Ihnen die 25 Ausflüge mehr als 300 Einzelziele.

Aufbau der Ausflüge: Vorausgestellt ist stets eine Karte mit dem Ausflugsgebiet und eine kurze Beschreibung des Ausflugs. Danach folgen die Einzelziele, deren Nummern denen der Karte entsprechen. Den durchnummerierten Einzelzielen ist ein Raster **„Freizeitkategorien"** zugeordnet, aus dem Sie sofort ersehen, was das vorgestellte Ziel zu bieten hat. Ein ausgefüllter Punkt bedeutet: trifft zu bzw. vorhanden. Zu verstehen sind unter

Landschaft: z.B. Seen, Moore, Aussichtspunkte, Lehrpfade;

Kultur: z.B. Klöster, Kirchen, Schlösser oder Museen;

Wandern und **Radeln**: entsprechende Touren und Routen;

Freizeit: z.B. Freibäder, Märchenparks oder Biergärten;

Kinder: besonders für Kids geeignete Anziehungspunkte;

Dauer: der ungefähre Zeitbedarf für eine bestimmte Aktivität, also z.B. eines Museumsbesuchs oder einer Wanderung.

Das sogenannte Kurparkschlösschen im Kurpark von Herrsching ist die ehemalige Villa Scheuermann

Tipps in den Randspalten

In den Randspalten der Ausflüge finden Sie weitere nützliche Informationen und Tipps:

Anfahrt: eine möglichst schnelle und direkte Route für die Anfahrt mit dem Auto;

Information: Telefonnummern wichtiger Auskunftsstellen (Verkehrsämter, Gemeinden u.a.);

Empfohlene Karten: für den Ausflugsraum geeignete Karten;

Einkehrmöglichkeiten: Aufgeführt sind empfehlenswerte Häuser, nur in Einzelfällen sind einfachere Gaststätten genannt.

In Klammern stehen zuerst der Ruhetag, z.B. „ohne" oder „Mo" und dann, ob man im Freien sitzen kann. Es bedeuten

B = Biergarten
T = Terrasse
G = Garten
S = Tisch und Stühle am Haus.

Kleiner Leitfaden

Mehr als nur Baden – das verspricht das Alpamare in Bad Tölz. Ob Action oder Erholung – hier kommt jeder auf seine Kosten.

Unterstrichen sind Gasthöfe, denen das Bayerische Staatsministerium für Landwirtschaft, Ernährung und Forsten im Rahmen des Wettbewerbs „Bayerische Küche" (1988, 1991, 1994 oder 1997) Auszeichnungen bzw. Urkunden verliehen hat.

Freibäder: Erwähnt sind Freibäder, Strandbäder und Badeplätze im Ausflugsgebiet.

Hits für Kids

Hier geht es um Anziehungspunkte und Freizeitbeschäftigungen für Kinder. Attraktive Ausflugsziele und nützliche Anregungen für Familien mit Kindern sind dadurch auf einen Blick sichtbar. Dort, wo Telefonnummern angeführt sind, muss ein Besuch vorher vereinbart werden.

Top Events

Aufgeführt sind wichtige wiederkehrenden Veranstaltungen und Brauchtumsfeste des jeweiligen Ausflugsgebietes. Viele dieser Veranstaltungen haben eine lange Tradition und geben Einblick in alte Bräuche und historische Entwicklungen. Möchte man eine Veranstaltung besuchen, ist es ratsam, sich vor dem Ausflug Ort und Zeit telefonisch bestätigen zu lassen. Das gilt im Übrigen auch für die Öffnungszeiten von Museen und Gasthöfen.

Bewertungssystem

Um die Auswahl zu erleichtern, sind die Einzelziele mit Sternen bewertet. Damit soll der Erlebniswert widergespiegelt und Wichtiges von

Kleiner Leitfaden

weniger Wichtigem unterschieden werden. Die Sterne bedeuten:

***   Einzigartig! Rechtfertigt eigenen Ausflug.
**   Herausragend! Rechtfertigt weiten Umweg.
*   Sehr beachtenswert, so fern man in die Nähe ist.
Ohne Stern: Verdient Interesse, wenn man vor Ort ist und genügend Zeit hat.

Zu guter Letzt

Erwähnenswert ist schließlich, dass dieses Buch auch ein Gegenstück hat. Es sind die „Familienausflüge zwischen München und Berchtesgaden", ebenfalls im Bruckmann Verlag erschienen. Auch dort finden sie eine umfassende Sammlung schöner Ziele und lohnender Aktivitäten.

Ein Wort noch zur Gewährleistung: Im vorliegenden Band wurde eine Fülle von Einzeldaten verarbeitet. Trotz sorgfältiger Recherche und Abstimmung mit Verkehrsämtern und Gemeinden lassen sich einzelne Druckfehler, kleine Unstimmigkeiten oder Fehlinformationen nicht ganz ausschließen. Eine rechtliche Gewähr für die Richtigkeit der Daten, Fakten und Empfehlungen kann daher nicht übernommen werden.

Versprochen werden kann jedoch, dass dieses Buch viele Anregungen geben und eine Menge Freude bereiten wird. Verlag und Autor wünschen Ihnen jedenfalls viel Spaß und Erholung, was immer Sie unternehmen!

Ihr Armin Scheider

Karten-Legende

- Autobahnen
- Hauptstraßen
- Nebenstraßen
- Schotterwege
- Eisenbahn
- Bergbahn
- Routenführung
- Stadt, Dorf, Weiler
- See, Teich
- Fluß, Bach
- Wald
- Schöne Aussicht
- Einzelstehendes Gebäude
- Kirche/Kloster
- Burg, Schloß
- Ruine
- Sonstiger Anziehungspunkt
- Markanter Gipfel/Hügel
- Einzelziel mit Nummer (im Text beschrieben)
- Moor

Münchner Umland/West

Einzelziele in der Region

1 Osterseen — 12
1. Halt in Beuerberg* — 12
2. Über die Osterseen* — 13
3. Osterseen-Wanderung* — 13

2 Starnberger See — 15
1. Starnberger See** — 16
2. Rundgang in Starnberg* — 16
3. In der Starnberger Bucht* — 17
4. Schlosspark Berg — 17
5. Über dem Ostufer des Sees* — 18
6. Pocci-Schloss Ammerland — 19
7. Bernried/Bernrieder Park* — 19
8. Ilkahöhe/Deixlfurter Weiher* — 20
9. Schloss Possenhofen — 21
10. Spaziergang am Westufer** — 21
11. Maisinger Schlucht — 22

3 Würmtal — 23
1. Forsthaus Kasten* — 23
2. Keltenschanze Buchendorf — 23
3. Rundgang in Gauting — 24
4. Im Würmtal* — 24
5. Nach Leutstetten* — 25

4 Fünfseenland — 26
1. Weßlinger See* — 26
2. Dellinger Eichenallee* — 27
3. Schloss Seefeld* — 27
4. Pilsen- und Wörthsee* — 27
5. Kirchen im Fünfseenland — 28
6. Kloster Andechs** — 29
7. Heilige Kapelle** — 30
8. Landeskultureller Lehrpfad — 30

Forsthaus Kasten

Ostersee

Ammersee

Einzelziele in der Region

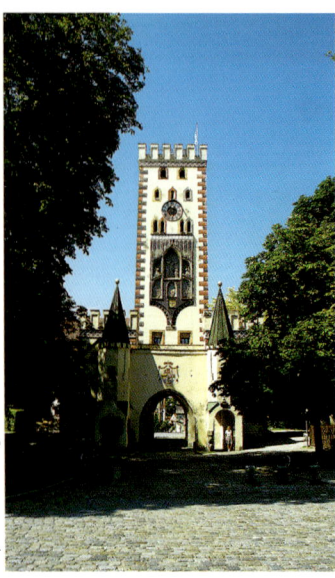

5	Interessante Museen*	43
6	Lechwanderung	44
7	Zum Ruethenfest*	44
8	Fernwander-/Radwege*	44

7 Fürstenfeldbruck 46
1 Rundgang Fürstenfeldbruck 46
2 Besuch im Kloster* 46
3 Abstecher nach Puch 48
4 Rundflug Oberbayern** 48
5 Ziele in Grafrath 48
6 Naturgeschützte Moore* 49
7 Der alte Jexhof 49

8 Dachau 50
1 Dachauer Moos 50
2 Dachauer Spaziergänge* 51
3 Gang durch Dachau* 52
4 KZ-Gedenkstätte* 54
5 »Kleiner Pfaffenwinkel« 54
6 Petersberg 55
7 Altomünster* 55
8 Keltenschanze Arnzell 56
9 Kloster Indersdorf* 56
10 Schlösser in Oberschleißheim** 57
11 Museen Oberschleißheim 58
12 Olympische Regatta-Anlage* 59

Bayertor Landsberg

5 Ammersee 31
1 Der Ammersee* 31
2 Herrsching 32
3 Im Kiental* 33
4 Ammermündung 33
5 Pähler Schlucht* 34
6 Am Hirschberg* 35
7 Erdfunkstelle Raisting* 35
8 In den Filzen* 36
9 Stiftskirche Dießen*** 36
10 Strandpromenade Dießen 37
11 Von Dießen nach Stegen 38

6 Landsberg 39
1 Halt in Windach 39
2 Kaltenberger Ritterspiele* 40
3 Landsberg** 40
4 Kirchen von Landsberg* 42

Schloss Lustheim

Münchner Umland/West

1 Osterseen

Die in idyllischer Waldlandschaft gelegenen Osterseen sind bekannt für außergewöhnliche Stimmungen, die das Spiel von Licht und Farben hier zustande bringen. Empfehlenswert ist auch ein Besuch in Beuerberg. Hier die Freizeitziele zu Ihrer Auswahl:

ANFAHRT

A 95 bis Ausfahrt Seeshaupt, dann links nach Beuerberg; eventuell auch B 11 über Wolfratshausen und Königsdorf, dort rechts nach Beuerberg

INFORMATION

Beuerberg (über Eurasburg):
Tel. 08179/701

Iffeldorf:
Tel. 08856/3746

EMPFOHLENE KARTEN

Kompass Wanderkarte
1:50000, Blatt 0180 Fünfseenland, Lkr. Starnberg;

Top. Karte 1:100000, Blatt München und Umgebung, Bayerisches Landesvermessungsamt München

1 Halt in Beuerberg

○ Landschaft ● Wandern ● Freizeit ● Dauer
● Kultur ○ Radeln ○ Kinder *2–3 Stunden*

Zu den Osterseen sollte man möglichst über Beuerberg fahren, denn dort bieten sich eine schöne Wanderung und der Besuch einer sehenswerten Kirche an. Wer also schon hier wandern möchte, kann in **Sterz** 1 km östlich von Beuerberg starten und am Rande des Golfplatzes hinuntergehen in das **Euracher Moos.** Über Mooseurach kehren Sie wieder zurück. Die Landschaft ist anmutig, die Aussicht auf das Gebirge hinreißend und die Strecke von 8 km durchaus zu bewältigen. Gratis dazu gibt es Anschauungsunterricht in Golf (2 Std.).

Die besondere Wirkung der ehemaligen ***Stiftskirche** der Augustinerchorherren (1635) in Beuerberg liegt im Kontrast zwischen dem Weiß von Wänden und Stuck und den reich geschmückten Altären. Den Hochaltar (1639) zieren blaugoldene Säulen, ein Bild von Elias Greither und Figuren von Bartholomäus Steinle. Der Raum repräsentiert den Übergang von der Renaissance zum Barock (15 Min.).

1 Osterseen

4 km südlich von Beuerberg liegt das **Cafe Hoisl** in Schwaig. Auch dort bietet sich eine sehr schöne **Wanderung** an: Sie führt über Oberhof (Aussicht!), den Eitzenberger Weiher und den dortigen Golfclub nach Kirnberg. An der Kirnberger Straße links, nach 600 m in Neukirnberg wieder links und 1 km danach nochmals links (Weg Nr. 13, 15). So kommt man nach Daser und von dort über Oberhof zurück nach Schwaig (10 km, 3 Std.).

2 Über die Osterseen*
● Landschaft ● Wandern ○ Freizeit ○ Dauer
○ Kultur ○ Radeln ○ Kinder

Die Ostersen sind Überbleibsel der Eiszeit, genauer vom Ende der Eiszeit. Als sich die riesigen Gletscher im Alpenvorland wegen der Erderwärmung zurückbildeten, brachen mächtige Eisblöcke ab, so genanntes »Toteis«, und begannen zu schmelzen. Da sich um die Toteisblöcke Geröllmassen abgelagert hatten und der Untergrund nicht mehr durchlässig war, konnte das Schmelzwasser nicht ablaufen und bildete Seen, hier eben die Osterseen.

Das Gebiet umfasst rund 20 meist kleinere Seen und Weiher. Am größten ist der Ostersee, der immerhin 7,5 km Umfang hat und bis zu 30 m tief ist. Die Seenplatte steht als Ganzes unter Naturschutz, daher gibt es nur wenige Badeplätze; auch der Zugang zum Ufer ist eingeschränkt. Trotz des relativ spärlichen Wegenetzes ist das stimmungsvolle Gebiet eine beliebte Wanderregion.

3 Ostersee-Wanderung*
● Landschaft ● Wandern ○ Freizeit ● Dauer
● Kultur ○ Radeln ○ Kinder 3 Std.

Eine sehr schöne Route führt ab Iffeldorf auf der Osterseenstraße hinaus, dann am Sengsee vorbei zum Campingplatz zwischen Fohn- und Staltacher See und weiter zur Südostecke des Ostersees. Der nun folgende Weg an dessen Ostufer ist wohl der schönste im Seengebiet

EINKEHRMÖGLICHKEITEN

Beuerberg:
Bellavista (ohne, G)

Schwaig:
Hoisl (Mo & Di, T)

Iffeldorf:
Ostersen (Di, G/T)

FREIBÄDER

Badeplätze am Eitzenberger Weiher, am Fohn- und am Ostersee
Wellenbad in Penzberg mit Freibecken

HITS FÜR KIDS

Osterseen:
Badeplätze an den Weihern und Seen
Wanderung am Ostufer des Großen Ostersees
Spaziergang zur Wallfahrtskirche Maria im Heuwinkl
Kurze Radtour um die Osterseen

Münchner Umland/West

Im Land der stimmungsvollen Osterseen: der Ort Iffeldorf vor der Benediktenwand und dem Herzogstand.

TOP-EVENTS

Iffeldorf:
Fohnseefest im Juli/August;
Heuwinklfest mit Lichterprozession am zweiten Sonntag im September;
Iffeldorfer Meisterkonzerte
(Info-Tel. 088 56/833 51)

und gewährt auf 1,5 km direkten Kontakt zum See. 2 km weiter kommt man an eine Teerstraße, steuert links das Sanatorium Lauterbacher Mühle an und kehrt im Zuge des Ostersee-Westufers zurück. Ergibt zusammen gut 10 km.

Im Anschluss an die Wanderung sollten Sie **Iffeldorf** nicht gleich verlassen, denn das 1050 erstmals erwähnte Dorf besitzt zwei schöne Kirchen: *St. Vitus (Ortsmitte) von 1707 mit Wessobrunner Stuck (Franz Xaver Schmuzer) und großen Deckenfresken (Johann Jakob Zeiller). Sehenswert auch die geschnitzten Balustersäulen unter der Empore, das Rokokogestühl sowie ein um 1600 entstandenes schönes Schutzmantelbild im Barockrahmen an der Seitenwand. Am Ostrand des Dorfes führt die Heuwinklstraße hoch zur Wallfahrtskapelle **Maria im Heuwinkl.** Sie wurde 1698 von Johann Schmuzer aus Wessobrunn erbaut. Im Innenraum kraftvolle Stuckatur, vier Deckenbilder und ein Hochaltar mit spätgotischem Gnadenbild (1519). Schön anzusehen auch der figurenreiche Seitenaltar und das so genannte »Chörchen« im Rokokostil.

2 Starnberger See

Der »Kultsee« der Münchner und Naherholungsziel Nummer eins liegt nur rund 25 km vor den Toren der Bayerischen Landeshauptstadt. Seine Ufer sind ideal für Spaziergänger, Radfahrer und Skater, vor allem aber Wassersportlern hat der See einiges zu bieten. Egal ob Baden, Surfen, Segeln oder Tauchen. Doch auch Kulturinteressierte kommen auf ihre Kosten. Dass sich entlang dem Ufer auch eine variantenreiche Gastronomie angesiedelt hat, die die Ausflügler gerne bedient, versteht sich von selbst. Wir umrunden den See im Uhrzeigersinn und zeigen Ihnen, was am Ufer und auf den angrenzenden Höhen von Interesse ist. Hier die Freizeitziele zu Ihrer Auswahl:

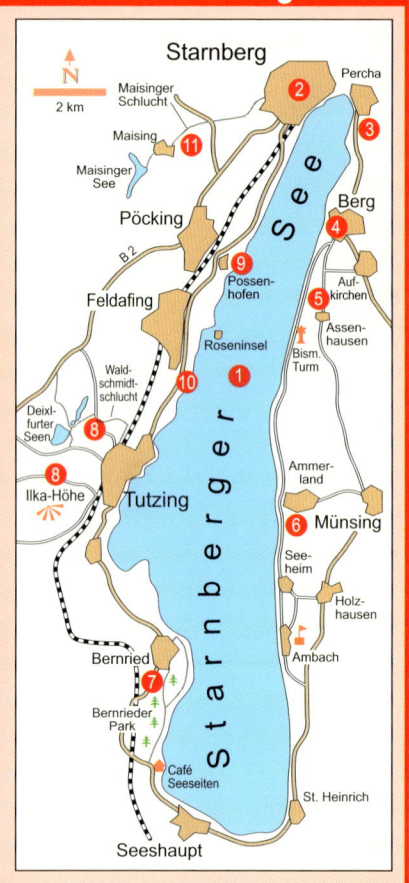

Münchner Umland/West

ANFAHRT

A 95 und A 952 bis Starnberg

EMPFOHLENE KARTEN

Kompass Wanderkarte 1:50 000, Blatt 180 Starnberger-Ammersee;

Top. Karte 1:100 000, Blatt München und Umgebung, Bayerisches Landesvermessungsamt München

INFORMATION

Fremdenverkehrsverband Starnberger Fünf-Seen-Land (für Starnberg, Berg, Feldafing, Tutzing, Possenhofen):
Tel. 081 51/90 60-0

Bernried:
Tel. 081 58/60 26

Schifffahrt Starnberger See:
Tel. 081 51/1 20 23

1 Starnberger See**

● Landschaft ○ Wandern ○ Freizeit ● Dauer
○ Kultur   ○ Radeln   ○ Kinder

Früher Würmsee genannt, ist er der längste (20 km) und wasserreichste See Bayerns, auch wenn er mit 56 km^2 Fläche hinter dem Chiemsee zurückstehen muss. Im Umfang erreicht er fast 50 km, in der Tiefe 127 m. Die einzige Insel des Sees, die Roseninsel, war schon in der Frühzeit bewohnt. Seine reizvolle Lage vor den Bergen und die vielen Bade- und Wassersportmöglichkeiten machen den See zu einem beliebten Ausflugsziel. Schön wandern lässt es sich am Ostufer, im Bernrieder Park und zwischen Tutzing und Possenhofen. Auch die Umrundung mit dem Fahrrad ist ein Erlebnis, zwischen Tutzing und Starnberg allerdings mit viel Verkehr verbunden. **Schiffsrundfahrten** starten vor allem von Starnberg aus.

2 Rundgang in Starnberg*

○ Landschaft ○ Wandern ○ Freizeit ● Dauer
● Kultur   ○ Radeln   ○ Kinder   *2 Std.*

1242 erstmals genannt, wurde der Ort 1912 zur Stadt erhoben. Heute ist Starnberg nicht nur größte Siedlung am See, sondern auch Wohnort vieler Prominenter. Neben villenartigen Bauten aus der Zeit von 1830 bis 1920 sind unter anderem sehenswert:

****Kirche St. Josef** von 1766 auf dem Schlossberg, ein von Meistern des Spätrokoko ausgestalteter Raum. Erwähnenswert sind die Fresken (Christian Wink), der Stuck (Franz Xaver Feichtmayr) sowie Hochaltar und Kanzel von Ignaz Günther. Neben der Josefskirche das **Schloss** von 1541 mit vier Flügeln und drei Geschossen. Im Obergeschoss befindet sich eine Renaissance-Holzdecke.

Das ***Heimatmuseum** (Di–So 10–12 und 14–17 Uhr) im ehemaligen Lochmannhaus informiert über das Leben am Starnberger See in der Vergangenheit. Glanzstück der Sammlungen ist eine Heiligenfigur von Ignaz Günther.

2 Starnberger See

3 In der Starnberger Bucht*
○ Landschaft ● Wandern ● Freizeit ● Dauer
○ Kultur ○ Radeln ● Kinder 1–2 Std.

Ein *Uferspaziergang (1 Std.) in der Starnberger Bucht mit herrlicher Sicht über den See führt auf Seepromenade, Nepomukweg mit Zugbrücke und Schiffbauerweg zum Strandbad Percha und weiter zum Südende des Erholungsgeländes (hin und zurück 5 km).

Das *Strandbad Percha ist genau richtig, wenn Sie ein gepflegtes Bad am See suchen. Wählen Sie aber nicht gerade einen heißen Tag am Wochenende, weil das ganze Seeufer dann hoffnungslos überfüllt ist. Ansonsten besitzt Percha ausreichend Liegeflächen, und eine Gaststätte ist ebenfalls vorhanden.

4 Schlosspark Berg
○ Landschaft ○ Wandern ○ Freizeit ● Dauer
● Kultur ○ Radeln ○ Kinder 1 Std.

Von Berg aus erstreckt sich ein Waldgürtel am Ufer entlang nach Süden. Er enthält vier interessante Punkte: Im Norden das **Schloss** von 1640, einst Sommersitz des Münchner Hofes, und den **Schlosspark,** beide für Besucher nicht zugänglich. Gegen Süden hin der neuromanische Rundbau der **Votivkapelle,** zum Gedenken an König Ludwig II. erbaut, und unterhalb

Gratis zum Badespaß gibt es im Strandbad Percha diesen schönen Blick über den See bis Starnberg.

Münchner Umland/West

EINKEHRMÖGLICHKEITEN

Starnberg:
In der Au (ohne, G)
Zur Sonne (Sa ab 14 h & So)
Undosa (ohne, G/T)

Berg:
Schloss Berg (ohne, T)
Dorinth (ohne, T/B)

Aufkirchen:
Zur Post (Fr, B)

Assenhausen:
Waldcafé (Mo & Di, G)

Ammerland:
Hotel am See (Di & Mi, B/T)

Ambach:
Fischmeister (Mo & Di, B)

St. Heinrich:
Fischerrosl (Mi, T);

Seeshaupt:
Seeseiten (Mo, G);

Bernried:
Seeblick (ohne, B)

Unterzeismering:
Zum Bauerngirgl (Di, B)

Tutzing:
Tutzinger Hof (ohne, B)
Häring´s Wirtschaft (Mo, T)

Ilkahöhe:
Forsthaus (Mo, G)

Feldafing:
Forsthaus am See (ohne, T)

Maisinger See:
Gaststätte (Mo, T)

Zwischen Berg und Assenhausen öffnen sich am Hang reizvolle Aussichten auf den Starnberger See.

der Kapelle ein einfaches **Holzkreuz** im See, dort nämlich, wo der König am Pfingstsonntag, dem 13. Juni 1886, unter mysteriösen Umständen ertrunken ist.

5 Über dem Ostufer des Sees*
○ Landschaft ● Wandern ○ Freizeit ● Dauer
● Kultur ○ Radeln ○ Kinder *1 Std.*

Schon seit dem 15. Jh. bedeutende Wallfahrt, ist die Kirche *Mariä Himmelfahrt** auch heute noch der Stolz des Dorfes Aufkirchen oberhalb von Berg. Der lichte Innenraum lebt vom Kontrast zwischen den weißen Wänden, Decken und Stuckelementen und den 14 lebensgroßen Holzfiguren an den Seiten. Beachtlich auch die Madonna mit Kind aus dem 15. Jh. und eine ausdrucksvolle Kreuzigungsgruppe im Chorraum (10 Min.).

Münchner Bürger gaben den Bau des **Bismarckturms** zwischen Assenhausen und Allmannshausen in Auftrag. Er wurde 1899 fertig gestellt. Sein Unterbau ist loggienartig und erlaubt Ausblicke auf die Umgebung und teils auch auf den See. Attraktiv zeigt sich die zum Teil parkartige Gegend rund um den Turm, die gut für **Spaziergänge** geeignet ist. Besonders schön erweist sich die Route auf dem Hang-/Rottmannweg zwischen Berg und Assenhausen (1 Std.), wo sich prächtige *Blicke* auf den See öffnen. In Assenhausen (Dürrbergstraße 5 und 9) sind noch zwei alte Bauernhäuser (17./18. Jh.) zu bewundern.

2 Starnberger See

Das Pocci-Schloss in Ammerland, einst Wohn- und Arbeitsort des »Kasperl-Grafen« Franz Graf Pocci.

6 Pocci-Schloss Ammerland
○ Landschaft ○ Wandern ○ Freizeit ○ Dauer
● Kultur ○ Radeln ○ Kinder

Leider kann man die Innenräume nicht besichtigen, aber von außen darf man einen Blick auf das Schloss werfen. Der 1685 errichtete und 1841 von König Ludwig I. erworbene Walmdachbau mit zwei Zwiebeltürmen ging vom König als Geschenk an seinen Zeremonienmeister, Franz Graf Pocci, der sich als Dichter und Zeichner betätigt hat. Er gilt als Erfinder der bekannten Kasperlfigur.

7 Bernried und Bernrieder Park*
● Landschaft ○ Wandern ○ Freizeit ● Dauer
● Kultur ○ Radeln ● Kinder 1–2 Std.

Bernried mit seiner aufgelockerten Bauweise, den parkartigen Grünflächen und kleinen Weihern sowie dem alten Baumbestand gehört fraglos zu den attraktivsten und ältesten Orten am Starnberger See. Nicht umsonst war es 1983 »Schönstes Dorf Bayerns«. Auch seine zwei Kirchen ragen heraus: *St. Martin erweist sich als schmuckvoller Rokokoraum mit prächtigem Hochaltar. *Mariä Himmelfahrt besitzt eine schöne Altaranlage in weiß stuckiertem Raum, des Weiteren eine Rosenkranzmadonna und eine gotische Pietà in der Gruftkapelle.

Südlich des Ortes erstreckt sich am Ufer auf 1,5 km der *Bernrieder Park, ein gepflegtes

FREIBÄDER

Strandbäder/Badeplätze rund um den Starnberger See
Badeplatz am Maisinger See

Münchner Umland/West

HITS FÜR KIDS

Strandbäder und Badeplätze am See
Rundfahrt mit dem Schiff
Tretbootfahren

Starnberg:
Heimatmuseum
Ballonfahrt in Starnb.-Landstetten (Tel. 08157/9104);

Ostufer:
Votivkapelle und Holzkreuz im Schlosspark von Berg
Bismarckturm
Kutschfahrt in Münsing-Holzhausen (Tel. 08177/261)
Erholungsgelände Ambach

Bernried:
Bernrieder Park
Reiten auf Gut Adelsried 2 km südwestlich Bernried (Tel. 08158/1860)

Tutzing:
Ballonfahren in Tutzing (Tel. 08158/1360)
Minigolf beim Südbad
Deixlfurter Seen
Ilkahöhe

Westufer:
Gondelfahrt zur Roseninsel
Schloss Possenhofen
Maisinger Schlucht und Maisinger See
Reiten in der Reitanlage Karpfenwinkel in Unterzeismering (Tel. 08158/7137)

Grundstück mit uralten Bäumen. Es gibt dort auch Badeplätze und vor allem einen schönen Uferweg, auf dem man bei herrlichen Seeblicken spazieren gehen kann. Besonders schön die Runde über den Unteren Seeweg und zurück auf dem Reitweg. Der Bernrieder Park wird auch Bayerischer Nationalpark genannt und wurde von der Deutsch-Amerikanerin Wilhelmine Busch-Woods gestiftet.

Ab dem Jahr 2000 wird Bernried um eine weitere Attraktion reicher sein: Dann nämlich soll im Schlosspark Höhenried das »**Museum der Phantasie**« eröffnet werden, das die weltberühmte Expressionisten-Sammlung (fast 500 Bilder mit einem Schätzwert von rund 200 Millionen DM) des Schriftstellers Lothar-Günter Buchheim aufnehmen wird. Vorgesehen ist sogar ein eigener Anlegesteg am See, um so das Museum auch per Schiff ansteuern zu können.

8 Ilkahöhe und Deixlfurter Weiher*

● Landschaft ● Wandern ● Freizeit ● Dauer
○ Kultur ○ Radeln ● Kinder *2 Std.*

Oberhalb von Tutzing erwarten Sie zwei Natursehenswürdigkeiten: die idyllisch gelegenen Weiher bei Deixlfurt und die ****Ilkahöhe,** weit und breit der schönste Aussichtspunkt im Vorland mit umfassender Sicht auf Starnberger See und Gebirge.

Wenn Sie einer etwas ausgedehnteren **Wanderung** (etwa 10 km, 3 Std.) nicht abgeneigt sind, dann vertrauen Sie sich folgender Route an: Bahnhof Tutzing, entlang der Gleise nach Norden bis Am Pfaffenberg, dann links in die romantische **Waldschmidt-Schlucht** (Weg X 3) und an der Traubinger Straße zum großen Deixlfurter See mit den umliegenden kleinen Weihern. Ab hier führt der Weg nach Süden zur Monatshauser Straße, wo leicht rechts versetzt der Pfad zur Ilkahöhe abgeht. Nach rund 600 m ist der höchste Punkt erreicht. Der Rückweg führt am **Forsthaus Ilkahöhe** vorbei, wo man einkehren kann.

2 Starnberger See

9 Schloss Possenhofen
○ Landschaft ○ Wandern ○ Freizeit ● Dauer
● Kultur ○ Radeln ○ Kinder 10 Min.

In diesem Schloss hat die als »Sissi« bekannte Elisabeth von Bayern, die spätere Kaiserin von Österreich, ihre Kindheit verbracht. 1536 für Herzog Wilhelm V. erbaut, wurde Possenhofen 1834 Wohnsitz von Herzog Max in Bayern, Sissis Vater. Ab 1920 begann das Schloss zu verfallen. Auf Privatinititive wurde es renoviert und in Eigentumswohnungen umgewandelt – ist daher nicht zu besichtigen.

10 Spaziergang am Westufer**
● Landschaft ● Wandern ○ Freizeit ● Dauer
○ Kultur ○ Radeln ○ Kinder 1,5–2 Std.

Einer der schönsten Uferabschnitte des Starnberger Sees zieht sich von Possenhofen über Feldafing nach Tutzing. Sehr empfehlenswert ist es, das Auto in Tutzing stehen zu lassen, mit der S-Bahn nach Possenhofen zurückzufahren (2 Stationen) und nach Tutzing zu wandern (rund 6 km). Am Wochenende ist der Weg allerdings stark frequentiert.

Ein bekannter Aussichtspunkt im Vorland: Die Ilka-Höhe oberhalb von Tutzing, hier mit Blick auf Starnberger See und Alpenkette.

Münchner Umland/West

Dieser Seeuferweg zeichnet sich durch parkartige Uferzonen und herrliche Sicht auf See und Berge aus. Man passiert am See gelegene Gastronomiebetriebe (Forsthaus am See, Häring´s Wirtschaft), die schon zu Vorzeiten bewohnte Roseninsel mit einer Villa im pompejanischen Stil (bemalt), eine Reihe malerischer Yachthäfen und natürlich zahlreiche Badeplätze.

11 Maisinger Schlucht
● Landschaft ● Wandern ○ Kultur ● Dauer
○ Freizeit ○ Radeln ● Kinder 3 Std

In Starnberg bietet sich neben Uferspaziergängen auch eine Wanderung durch die Maisinger Schlucht an. Sie wurde wohl vor etwa 10 000 Jahren durch einen abschmelzenden Gletscher gebildet. Ausgesprochen schluchtartig wirkt das Tal allerdings nicht. Wie im Würmtal (siehe nächsten Ausflug) faszinieren auch hier das Spiel von Farbe und Licht und die aparten Flussbilder. Anzutreffen sind zahlreiche Pflanzenarten, wie der Türkenbund mit seiner turbanartigen Blütenform, der giftige gelbe Eisenhut oder der Seidelbast, bei Bäumen sind es meist Buchen, Eschen und Fichten. In den Höhlen der Nagelfluh-Hänge nistet der Zaunkönig, seltener sind Eisvogel und Habicht.

Hinaus geht es in Starnberg auf der Söckinger Straße, nach 400 m links in die Maisinger-Schlucht-Straße und nun am Maisinger Bach entlang. Nach Unterquerung einer hohen Straßenbrücke beginnt die Schlucht. Am Ende ist man in Maising und sollte noch 1 km weitergehen zum ***Maisinger See,** dessen Damm von Andechser Mönchen angelegt wurde, um einen Fischteich zu schaffen. Der See steht als wichtiges Vogelbrutgebiet unter Naturschutz. Unterhalb des Gasthauses bietet sich Badegelegenheit, manchmal in Gesellschaft von Stockenten und Graugänsen. Bei klarem Wetter stehen im Hintergrund die Berge. Die Strecke misst hin und zurück etwa 10 km.

Große Aussichtsterrassen direkt am Starnberger See – damit lockt das Seehotel Leoni am Ostufer zahlreiche Gäste an.

TOP EVENTS

Starnberg:
Luitpolder Fischerstechen alle fünf Jahre im Juli/August (nächstes 2002)

Berg:
König-Ludwig-Gedenkfeier im Juni

Bernried:
Lichterprozession am 15. August

Tutzing:
Seefest im Juli
Tutzinger Fischerhochzeit alle fünf Jahre im Juni/Juli (nächste 2000)
Fischerstechen im Juli

3 Würmtal

Zwischen Gauting und Leutstetten bahnt sich die kleine, aber manchmal recht forsch dahinfließende Würm den Weg durch ein stimmungsvolles Tal. Zusätzlich zu den landschaftlichen Reizen des Würmtals gibt es eine Keltenschanze, gotische Schnitzwerke, die Ruinen einer Burg und vieles mehr. Mit kulinarischen Genüssen laden etliche Gasthäuser in ihre schönen Biergärten ein. Hier die Freizeitziele zu Ihrer Auswahl:

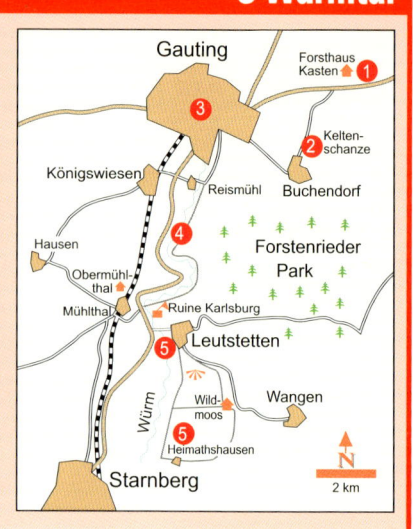

1 Forsthaus Kasten*

○ Landschaft ○ Wandern ● Freizeit ● Dauer
○ Kultur ○ Radeln ○ Kinder 1 Std.

Beginnen Sie doch den Ausflug mit einem Besuch in Forst Kasten. Dieser Biergarten liegt auf einer großen Waldlichtung und zählt zu den schönsten im Münchner Umland. Gerühmt wird seine Beschaulichkeit – außer es läuft gerade eine Veranstaltung. Angenehm ist auch, dass man nach der Brotzeit einen schönen Spaziergang im Forst Kasten machen kann.

2 Keltenschanze in Buchendorf

○ Landschaft ○ Wandern ○ Freizeit ● Dauer
● Kultur ○ Radeln ○ Freizeit 15 Min.

Nach Gauting sollte man möglichst über Buchendorf fahren, denn dort ist eine keltische Viereckschanze zu sehen. Es handelt sich um eine quadratische Anlage mit 1,20 m hohen

ANFAHRT

München–Fürstenried–Forsthaus Kasten bzw. Gauting

INFORMATION

Fremdenverkehrsverband Starnberger Fünf-Seen-Land:
Tel. 08151/9060-0

Gauting:
Tel. 089/89337-0

Münchner Umland/West

EMPFOHLENE KARTEN

Kompass Wanderkarte 1:50 000, Blatt 180 Starnberger- Ammersee;

Top. Karte 1:100 000, Blatt München und Umgebung, Bayerisches Landesvermessungsamt München

EINKEHRMÖGLICHKEITEN

Forst Kasten:
Forsthaus Kasten (Mo, B)

Würmtal:
Forsthaus Mühlthal (Mo, G)
Obermühlthal (Mo, B)

Leutstetten:
Schlossgaststätte (Di, B)

FREIBÄDER

Freibäder in Gauting (beheizt) und Stockdorf

Erdwällen und einem Tor. Möglicherweise handelt es sich dabei um einen ehemaligen Kultbau, in dem sich kleine Holztempel und Opferschächte befanden. Die Seitenlänge der Anlage beträgt etwa 115 m.

3 Rundgang in Gauting
○ Landschaft ○ Wandern ○ Freizeit ● Dauer
● Kultur ○ Radeln ○ Kinder *30 Min.*

Die Besiedlung dieses Würmtal-Ortes kann bis in die Bronzezeit zurückverfolgt werden. Später lag er am Kreuzungspunkt der wichtigen Römerstraßen, die von Salzburg nach Augsburg beziehungsweise von Augsburg nach Kempten führten. Zwei Punkte sollen hervorgehoben werden:

Die ***Frauenkirche** (1489), in der ein Freskenzyklus (1600), der Hochaltar mit Gnadenbild (15. Jh.) und die Seitenaltäre aus der Werkstatt von Johann Baptist Straub sowie Figuren und Rotmarmorgrabsteine auffallen. Direkt an der Würm liegt das 1721 neu erbaute **Schloss Fußberg** mit Park, das einst Wohnort des Eremiten von Gauting war.

4 Im Würmtal*
○ Landschaft ● Wandern ● Freizeit ● Dauer
○ Kultur ○ Radeln ○ Kinder *2 Std.*

An Engstellen des Würmtals ragen die Steilhänge bis 50 m hoch und die Sonne lässt im Laubwald anmutige Farb- und Lichtstimmungen entstehen. In Reismühl (1 km südlich Gauting) oder auf der Karlsburg (Ruine 4 km südlich) soll der Legende nach Karl der Große geboren sein.

Eine schöne **Wanderung** führt von Reismühl an der Würm zum Gasthaus Mühlthal und kurz danach rechts hoch zum Bahnhof Mühlthal. Dort wartet der ***Biergarten** Obermühlthal auf Sie, im Wettbewerb der Schönsten ebenfalls ein ernsthafter Anwärter. Zurück geht es entlang der Gleise über Königswiesen (gesamt rund 9 km).

3 Würmtal

Der schattige Biergarten Obermühlthal – ohne Frage einer der schönsten im Münchner Umland.

5 Nach Leutstetten*

○ Landschaft ● Wandern ● Freizeit ● Dauer
● Kultur ○ Radeln ○ Kinder *1 Std.*

Das Dorf liegt 0,5 km abseits und lockt mit zwei Attraktionen: Hier gibt es einen schönen *Biergarten, der früher schon Anklang gefunden haben muss, denn Moritz von Schwind hat das Wirtshausschild in seinem Bild »Hochzeitsreise« verewigt. Übrigens findet in der Schlossgaststätte regelmäßig Bauerntheater statt. Ein paar Schritte unterhalb *St. Alto mit echten Kostbarkeiten: Im linken Seitenaltar ein Holzrelief des Pfingstwunders (1490), vermutlich vom Meister der Blutenburger Apostel. Auch die spätgotischen Schnitzfiguren des Hochaltars und eine Maria im Rosenkranz (um 1700) sind sehenswert. Das **Schloss** mit Park (beide nicht zugänglich) war einst Sommerresidenz der Wittelsbacher und letzter Wohnsitz Kronprinz Rupprechts von Bayern.

*Wanderrouten (1–2 Std.): Wer von Leutstetten aus wandern möchte, kann zum einen die Ruine **Karlsburg** ansteuern, was vom Biergarten aus auf zwei Wegen möglich ist (2 bis 3 km hin und zurück). Oder aber man geht nach Süden auf dem Moosweg hinaus in das **Naturschutzgebiet** östlich der Würm. Wählt man dabei die Route über Heimathshausen und Wildmoos, werden es rund 8 km; wer schon auf Höhe von Wildmoos umkehrt, hat nur mit 5 km zu rechnen.

HITS FÜR KIDS

Gauting:
Besuch im Freibad
Gang zum Schloss Fußberg
Reiterhof in Gauting Frohnloh (Tel. 089/850 62 55)
Waldlehrpfad im Kreuzlinger Forst (Römerstraße) am Nordostrand von Gauting

Stockdorf:
Freibad

Buchendorf:
Rundgang an der Keltenschanze

Würmtal:
Kurzwanderung entlang der Würm
Aufstieg zur Ruine Karlsburg
Schlauchbootfahrt auf der Würm (Info über Tel. 089/850 59 04)

Leutstetten:
Besuch im Biergarten Schlossgaststätte

Münchner Umland/West

4 Fünfseenland

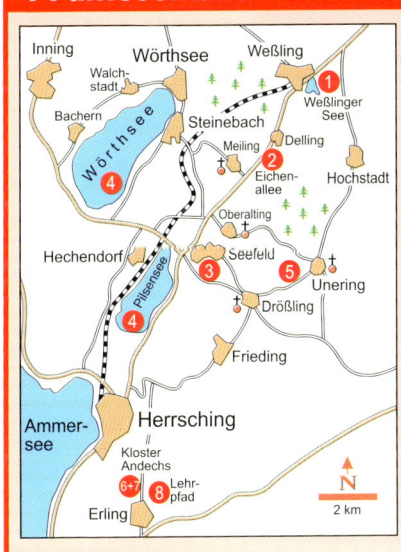

Dieser Ausflug führt ins Fünfseenland mit Weßlinger-, Pilsen- und Wörthsee – Ammer- und Starnberger See sind jedoch eigene Kapitel vorbehalten. Neben schönen Landschaftsbildern bietet sich hier auch reichlich Badegelegenheit. Von kulturellem Interesse sind das älteste Kloster Bayerns in Andechs – Kennern der bayerischen Biergarten-Gastronomie wegen seines süffigen Bieres bekannt – sowie das Schloss in Seefeld. Hier die Freizeitziele zu Ihrer Auswahl:

ANFAHRT

A 96 bis Oberpfaffenhofen, dann nach Südwesten bis Weßling

INFORMATION

Fremdenverkehrsverband Starnberger Fünf-Seen-Land: Tel. 081 51 / 90 60-0 (gilt auch für Andechs, Seefeld, Wörthsee/Steinebach und Weßling)

1 Weßlinger See*

- ● Landschaft ● Wandern ○ Freizeit ● Dauer
- ○ Kultur ○ Radeln ○ Kinder *30 Min.*

Wenn Sie sich an einem sonnigen Tag ans Ostufer des Weßlinger Sees stellen, zeigt sich eines der schönsten Ortsbilder im Umkreis Münchens: Vorne der See mit gepflegtem Ufer und dahinter das Dorf mit Kirche und Zwiebelturm. Um das ins Wanken geratene ökologische Gleichgewicht des Sees zu erhalten, hat man in seiner Mitte eine Belüftungsanlage installiert.

Ein gut 1,5 km langer Weg führt rund um den See. Die Wanderung lässt sich auf 6 km verlängern, wenn man auf der Ettenhofer Straße hinausgeht bis Delling (siehe 2) und dann durch das Dellinger Buchet und entlang der Bahnlinie zurückkehrt (1,5 Std.).

4 Fünfseenland

2 Dellinger Eichenallee*
● Landschaft ○ Wandern ○ Freizeit ○ Dauer
○ Kultur ○ Radeln ○ Kinder

Nur 2 km südwestlich von Weßling liegt der Weiler Delling, der unter Naturkundlern einen Namen hat: Die dortigen Eichenalleen mit uralten Bäumen zählen zu den schönsten und mächtigsten ganz Süddeutschlands. Graf Anton von Toerring hatte sie 1776 von Delling bis Seefeld anlegen lassen. Als vor Jahren viele Straßenbäume aus Gründen der Verkehrssicherheit entfernt wurden, hat man die Dellinger Eichen verschont.

3 Schloss Seefeld*
○ Landschaft ○ Wandern ○ Freizeit ● Dauer
● Kultur ○ Radeln ○ Kinder 30 Min.

Nach mehrjähriger Renovierung ist das Gräflich Toerringsche Schloss wieder in ansehnlicher Form. Auf einer Steinbrücke von 1678, die über den Höllgraben führt, und durch einen Torbau von 1736 gelangt man in den großen Hof der Vorburg. Hier steht unter anderem ein Bräuhaus. Jenseits des Torbogens die malerische Hauptburg, eine Art spätmittelalterliche Veste mit kleinem Hof und mächtigem Bergfried, die den Kern der Anlage bildet. Dort befindet sich auch eine reich ausgestattete Schlosskapelle (nicht zugänglich) und ein Museum (Außenstelle der Staatlichen Sammlung Ägyptischer Kunst, München) mit wechselnden Ausstellungen.

4 Pilsen- und Wörthsee*
● Landschaft ● Wandern ○ Freizeit ● Dauer
○ Kultur ○ Radeln ○ Kinder 2–3 Std.

Während sich der Wörthsee geologisch wohl eigenständig entwickelt hat, ist der **Pilsensee** zweifellos ein früherer Seitenarm des Ammersees. Er hat eine Fläche von fast 2 km², die Ufer sind gut 6 km lang, seine größte Tiefe beträgt rund 17 m. Den besten Zugang zum See bieten die beiden Strandbäder im Nordteil.

EMPFOHLENE KARTEN

Kompass Wanderkarte 1:50 000, Blatt 180 Starnberger- Ammersee;

Top. Karte 1:100 000, Blatt München und Umgebung, Bayerisches Landesvermessungsamt München

EINKEHRMÖGLICHKEITEN

Weßling:
Café am See (Di, T)

Steinebach:
Raabe (ohne, T)

Meiling:
Zum Sepperl (Mo, B)

Oberalting:
Ruf (Mi, T)

Hechendorf:
Alter Wirt (ohne, T),
Woerl (ohne, T)

Bachern:
Mutz (ohne, T)

Widdersberg:
Wilder Hund (Di, B)

Frieding:
Stiefelwirt (Mo, T)

Andechs:
Klostergasthof (ohne, T)

FREIBÄDER

Strandbäder und Badeplätze am Weßlinger-, Pilsen- und Wörthsee

Münchner Umland/West

Blick auf den Pilsensee vom Strandbad an der Nordostseite aus. Gegenüber der Ort Hechendorf.

HITS FÜR KIDS

Strandbäder am Weßlinger-, Pilsen- und Wörthsee
Bootsfahrten auf den Seen

Weßling:
Reitstall Gut Mischenried
1 km nördlich Weßling
(Tel. 081 53 / 32 10)

Delling:
Spaziergang durch die Eichenalleen

Seefeld:
Besuch im Schloss

Andechs:
Heilige Kapelle
Einige Stationen auf dem Landeskulturellen Lehrpfad
Minigolf neben dem Großparkplatz

Wörthsee:
Modellbahn-Gartenanlage in Wörthsee-Etterschlag (April bis Nov.), Münchner Str. 3 A (Tel. 081 53 / 82 15)

Der ***Wörthsee** ist mit knapp 4,5 km² deutlich größer, sein Umfang erreicht fast 10 km, sein größte Tiefe beträgt 34 m. Mehrere Strandbäder und ein Erholungsgebiet verlocken zum Baden. Auf einer 11 km langen **Wanderung** kann man den See umrunden. Abgesehen von 2 km, die an Verkehrsstraßen entlangführen, ist es eine genussvolle Route mit herrlichen Ausblicken auf See und Berge (2–3 Std.).

5 Kirchen im Fünfseenland

○ Landschaft ○ Wandern ○ Freizeit ● Dauer
● Kultur ○ Radeln ○ Kinder je 10 Min.

Neben der Prachtkirche in Andechs besitzt die Gegend zwischen Ammersee und Starnberger See weitere beachtliche Kirchenräume (Besichtigung je 10 Min.): In Unering steht ***St. Martin,** 1730 nach Plänen Johann Michael Fischers erbaut. Das barocke Innere zeigt sich etwas eigenwillig aber durchaus dekorativ, der Stuck und die drei Stuckmarmoraltäre stammen von Johann Baptist Zimmermann. Oberalting, eine der ältesten Pfarreien der Region, besitzt ***St. Peter,** wo vor allem die Altäre, eine große Kreuzigungsgruppe von Lorenz Luidl und Grabsteine derer von Toerring-Seefeld beachtenswert sind. Herzstück von ***St. Margareth** in Meiling ist eine wunderbare Schnitzkanzel von Lorenz Luidl (1690) mit Figuren des Guten Hirten und der vier Evangelisten. Der Schalldeckel wird von Engeln gestützt (Schlüssel beim Mesner). ***Mariä Himmelfahrt**

4 Fünfseenland

in Drößling schließlich präsentiert einen schmuckvollen Kirchenraum, in dem wiederum Werke des Bildhauers Lorenz Luidl sowie eine gotische Muttergottes und eine figurenreiche Empore zu bewundern sind.

6 Kloster Andechs**

○ Landschaft ○ Wandern ○ Freizeit ● Dauer
● Kultur ○ Radeln ○ Kinder *30 Min.*

Andechs zählt zu den beliebtesten Ausflugszielen Südbayerns. Es ist die älteste Wallfahrt Bayerns und besitzt eine der schönsten bayerischen Rokokokirchen. Im Jahr 1388 wurde der in Vergessenheit geratene Reliquienschatz wiederentdeckt, worauf sich die Wallfahrt zur »bedeutendsten Heiltumschau in Süddeutschland« (Dehio) entwickelte und bis zur Säkularisation 1803 florierte. Herzog Albrecht III. stiftete 1458 ein Kloster für Benediktiner, die fortan in Andechs verantwortlich waren.

Glanzpunkt des schön gelegenen Komplexes ist die **Klosterkirche,** im Kern von 1420, später aber mehrfach verändert. Man beachte in dem prächtigen Rokokoraum den weiß-goldenen Stuck und die glänzenden Deckenfresken von Johann Baptist Zimmermann; weiters

TOP EVENTS

Andechs:
Klosterkonzerte ganzjährig (Tel. 08152/3760)
Ostereiermarkt Kloster Andechs an Ostern
Jahrmarkt am Andechser Berg im Mai/Juni
Erlinger Dorffest im Juli

Schon von weitem grüßt die hochragende Klosterkirche in Andechs die Besucher und Wallfahrer.

Münchner Umland/West

Wunderbar hat Lorenz Luidl aus Landsberg diese Kanzel in der Meilinger Kirche St. Margareth (siehe Text 5) gestaltet.

den mächtigen zweigeschossigen Hochaltar (Entwurf Zimmermann) und die Figuren der Kirche, die unter anderem von Johann Baptist Straub, Franz Xaver Schmädl und Hans Degler stammen. Die Kirche enthält mehrere Kapellen, die wichtigste ist die Heilige Kapelle im Obergeschoss, dort wird der Reliquienschatz (siehe 7) aufbewahrt. Auch wenn die Biergartenterrasse noch so lockt – diese Kirche sollten Sie nicht übergehen!

7 Heilige Kapelle**
○ Landschaft ○ Wandern ○ Freizeit ● Dauer
● Kultur   ○ Radeln   ○ Kinder   30 Min.

Der Heiltumsschatz in der hl. Kapelle zieht seit Jahrhunderten Wallfahrer und Besucher an. Zu den Glanzstücken gehören eine große Monstranz (um 1435) mit den Drei Heiligen Hostien sowie drei schöne Tafelbilder (ehem. Altarflügel) und die so genannten Herrenreliquien, unter anderem mit einem Fragment der Dornenkrone Christi und Kreuzfahrer-Reliquien. Bedeutend auch das so genannte »Brautkleid der hl. Elisabeth« aus Leinenstoff (12. bis 13. Jh.). Weitere kostbare Sakralgegenstände befinden sich in der benachbarten **Schatzkammer,** so unter anderem eine Kerzensammlung.

8 Landeskultureller Lehrpfad
● Landschaft ○ Wandern ○ Freizeit ● Dauer
○ Kultur   ○ Radeln   ○ Kinder   1 Std.

Sieben Stationen am Fuße des Klosterbergs behandeln folgende Themen:
1. Geschichte von Andechs
2. Entwicklung der Agrarstruktur
3. Landschaftsgeschichte
4. Die Bedeutung des Waldes als Lebensgemeinschaft
5. Pflanzenwelt am Waldrand
6. Pflege und Gestaltung der Kulturlandschaft
7. Die einheimische Landwirtschaft.

Der Lehrpfad ist ungefähr 3 km lang und kann in einer Stunde begangen werden.

5 Ammersee

Per Schiff, per pedes oder mit Auto und Bike lässt sich der drittgrößte See Bayerns mit seiner Umgebung erkunden. Obgleich schon seit dem 19. Jh. ein beliebtes Ziel von Ausflüglern und Sommerfrischlern aus ganz Deutschland, hat sich der Ammersee einiges von seinem ursprünglich bäuerlichen Gepräge bewahrt. Neben sanft geschwungenen Hügelketten, einer wildromantischen Schlucht und artenreichen Filzen erwartet Sie hier mit der Dießener Stiftskirche ein Höhepunkt des bayerischen Rokoko, während die Raistinger Erdfunkstelle Hightech der Jetztzeit dokumentiert. Hier die Freizeitziele zu Ihrer Auswahl:

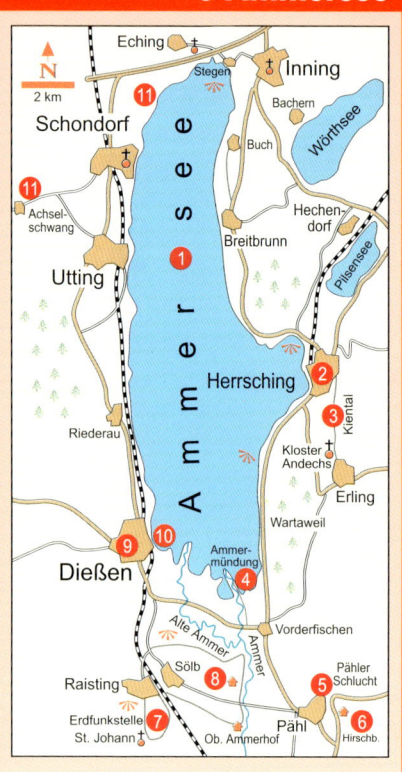

1 Der Ammersee*

● Landschaft ○ Wandern ○ Freizeit ○ Dauer
○ Kultur ○ Radeln ○ Kinder

Mit 16 km Länge, bis zu 5 km Breite und rund 43 km Umfang erreicht er eine Fläche von 47 km^2 und ist damit – nach Chiemsee und Starnberger See – drittgrößter See Bayerns. Seine maximale Tiefe wird zwischen Herrsching und Riederau mit 81 m gemessen. Auf seiner Westseite und in den meisten Uferbereichen

ANFAHRT

A 96 bis Oberpfaffenhofen, dann über Weßling und Seefeld bis Herrsching

Münchner Umland/West

INFORMATION

Fremdenverkehrsverband Starnberger Fünf-Seen-Land:
Tel. 08151/9060-0 (auch für Andechs und Inning)

Fremdenverkehrsverband Ammersee-Lech
Tel. 08191/47177

Herrsching:
Tel. 08152/5227

Dießen:
Tel. 08807/1048

Schondorf:
Tel. 08192/8899

EMPFOHLENE KARTEN

Kompass Wanderkarte 1:50000, Blatt 180 Starnberger-, Ammersee;

Top. Karte 1:100000, Blatt München und Umgebung, Bayerisches Landesvermessungsamt München

---

ist er naturbelassen und bäuerlich geblieben, das Südufer mit der Ammermündung steht unter Naturschutz. Gespeist wird der Ammersee von der Ammer, die im Süden in den See mündet und ihn im Norden als Amper wieder verlässt. Bis auf das Naturschutzgebiet ist der See frei für Wassersport-Aktivitäten. Er gilt als beliebtes Segelrevier und bietet zahlreiche Badeplätze und Strandbäder.

2 Herrsching

○ Landschaft ● Wandern ● Freizeit ● Dauer
● Kultur ○ Radeln ● Kinder 1-2 Std.

Der 776 erstmals erwähnte Ort ist heute beliebtes Ausflugsziel und ein Ausgangsort der Dampfschifffahrt. Kulturell ist das **Kurparkschlösschen,** die im Burgen- und Neurenaissancestil gehaltene einstige Villa Scheuermann im Kurpark zu erwähnen, aber auch der **Archäologische Park** (Mai–Okt. So 10–12 Uhr) am Mitterweg (beim Friedhof) mit frühmittelalterlicher Adelskirche. Noch mehr auf ihre Kosten kommen in der Herrschinger Gegend freilich Naturgenießer.

Per *Schiffsrundfahrt lässt sich der See und seine wichtigen Uferorte gut erkunden. Die Dampfer starten alle 20 Minuten und drehen verschieden große Runden. Man kann an einem Ort aussteigen und mit dem nächsten Schiff weiterfahren.

Auch *Uferspaziergänge um Herrsching sind reizvoll und vermitteln einen Eindruck von Lage und Ausdehnung des Sees. Sehr schön ist vor allem die Strecke (etwa 2 km einfach) von der Schiffsanlegestelle über die Seepromenade nach Norden, weil sich hier hinreißende Ausblicke auf den See und die hinter ihm aufragende Gebirgskette eröffnen.

Auch der Promenadenweg nach Süden bis zum Erholungsgelände **Wartawell** (mit Kiosk) verläuft mit weiten Ausblicken auf gut 5 km unmittelbar am Ufer. Zurück geht es jeweils auf gleicher Strecke.

5 Ammersee

3 Im Kiental*
○ Landschaft ● Wandern ○ Freizeit ● Dauer
○ Kultur ○ Radeln ○ Kinder *1 Std.*

Viele Leute fahren nach Herrsching, um von dort Andechs anzusteuern. Zu Fuß geht das wunderbar durch das Kiental. Es erstreckt sich auf 3,5 km am Kienbach entlang und ist ein tief eingeschnittenes, zum Teil felsiges Tal, das bekannt ist für schöne Landschaftsbilder und Stimmungen. Wenn man in Herrsching die Bahnhof- und Luitpoldstraße hochgeht, zweigt rechts die Kientalstraße ab und führt nach Andechs. Die Steigungen halten sich in Grenzen. Eine parallele Route über Leitenhöhe und Hörndlweg wird nicht so oft begangen. Zurück nach Herrsching kann man von Andechs mit dem Bus fahren.

4 Ammermündung
● Landschaft ○ Wandern ○ Freizeit ● Dauer
○ Kultur ○ Radeln ● Kinder *1 Std.*

Vom Kleinparkplatz 800 m westlich von Vorderfischen führt auf dem Damm der Ammer ein 1,8 km langer Weg durch Naturschutzgebiet zum Südufer des Ammersees und dem Mündungsgebiet der Ammer.

Der Ammersee, ein gefragtes Segelrevier, lädt vielerorts auch zum Baden und Bootfahren ein.

Münchner Umland/West

In dieser so genannten »Vogelfreistätte Ammersee-Südufer« gibt es noch seltene Vögel und Pflanzen, so Wasseramsel, Brachvogel, Flussregenpfeifer, Fluss-Seeschwalbe, Gänsesäger und Eisvogel sowie Mehlprimel, Sumpfwurz, Knabenkraut, Sibirische Schwertlilie und Sumpfdotterblume.

5 Pähler Schlucht*

● Landschaft ● Wandern ○ Freizeit ● Dauer
○ Kultur ○ Radeln ○ Kinder *1 Std.*

Fahren Sie am besten zum Ausflugslokal Hirschbergalm an der B 2 (Ostrand Pähl). Dort geht es auch zum Hirschberg (siehe 6). Am Parkplatz führt ein Weg unter der B 2 hindurch (Tunnel) und geradewegs in das naturgeschützte und bewaldete Tal des Burgleitenbachs. Es wird »Pähler Schlucht« genannt, weil vor allem zu Anfang der Einschnitt tief und steil ist. Hier zeigt sich eine der beeindruckendsten Schluchten des Alpenvorlandes.

Ganz allmählich führt der Weg vom Steilhang zum Burgleitenbach hinunter und über mehrere Holzstege hinweg ans Ende des verwilder-

Gegensätze im Raistinger Moos: Eine hochmoderne Antennenschüssel neben der altehrwürdigen Wallfahrtskirche St. Johann.

5 Ammersee

ten Tals: dort stürzt ein etwa 20 m hoher, im Sommer aber nur spärlicher Wasserfall die Felswand herunter. Reizvoll an diesem Spaziergang sind die wildromantischen Bilder und die sich im Geäst und Wasser brechenden Sonnenstrahlen. Der Weg hin und zurück ist etwa 2,5 km lang. Etwas weiter ist der Weg, wenn Sie im Ort Pähl an der Sternstraße in die Schlucht aufbrechen.

6 Am Hirschberg*
● Landschaft ○ Wandern ○ Freizeit ● Dauer
○ Kultur   ○ Radeln   ○ Kinder   45 Min.

400 m südöstlich der Hirschbergalm erhebt sich ein nicht besonders markanter Hügel mit gleichwohl weiter *Aussicht: Im Blick von rechts nach links der Ammersee, der Hohe Peißenberg, das Vorland mit Pähl und das Gebirge bis hin zum Karwendelkamm. Zugang zum Aussichtspunkt bietet sich an der Auffahrt zur Hirschbergalm oder 400 m südlich auf einem nach Osten abgehenden Teersträßchen, von dem nach 200 m ein Feldweg links hinaufführt. Vorsicht: Fahr- und Wendemöglichkeiten sind hier sehr begrenzt.

7 Erdfunkstelle Raisting*
○ Landschaft ○ Wandern ○ Freizeit ● Dauer
● Kultur   ○ Radeln   ○ Kinder   1 Std.

Die Erdfunkstelle in Raisting zählt mit fünf Groß- und sieben kleineren Parabolantennen zu den größten und modernsten Anlagen dieser Art in der Welt. Die in der »Raistinger Wanne« stationierten Schüsseln übertragen Nachrichtensignale, zum Beispiel von Telefonaten oder Fernsehsendungen, an einen Satelliten, der sie dann an ihren eigentlichen Bestimmungsort in anderen Ländern und Kontinenten weiterreicht. Ein moderner Satellit kann gleichzeitig bis zu 30 000 Gespräche und zwei TV-Programme übertragen. Im Besucherschauraum (Mo–Fr 8–12, 13–17, Sa, So 12–16 Uhr) kann man sich näher informieren.

EINKEHRMÖGLICHKEITEN

Herrsching:
Promenade (ohne, T)
Seehof (ohne, G)
Zur Post (ohne, B)
Andechser Hof (ohne, T)

Pähl:
Hirschbergalm (Mo, T)
Zur alten Post (Mo, B)

Raisting:
Drexl (Do, G)

Dießen:
Mauerhansl (So & Di)
Unterbräu (Mi, B)

Utting:
Alte Villa (Mo, B)

Schondorf:
Zur Post (ohne, T)

Stegen:
Schreyegg (ohne, T)

Eching:
Eberhard (Di & Mi, G)

FREIBÄDER
Strandbäder und Badeplätze rund um den Ammersee
Badeplatz am Raistinger Weiher und am Hochschlossweiher (Pähl)

Münchner Umland/West

HITS FÜR KIDS

Badeplätze und Strandbäder am Ammersee
Schiffs- oder Bootsfahrt auf dem Ammersee
Vogelfreistätte Ammersee-Südufer
Schlauchbootfahrt auf der Amper (Anfragen Tel. 089/850 59 04)

Pähl:
Wanderung in die Pähler Schlucht oder zum Aussichtspunkt Hirschberg
Kutschfahrt in Pähl (Tel. 088 08/630) oder Pähl-Kerschlach (Tel. 088 08/386)

Achselschwang:
Besuch auf dem Staatsgut (siehe 11)

Inning:
Kutschfahrt (Tel. 081 43/86 92 und 80 87)
Minigolf in Inning-Stegen hinter der Schiffsstation
Ponyreiten in Inning-Bachern (Tel. 081 43/76 63)

Raisting:
Erdfunkstelle

Dießen:
Besichtigung einer Zinngießerei und der Stiftskirche
Minigolf in den Seeanlagen
Ponyreiten in Dießen (Tel. 088 07/73 62)

Herrsching:
Minigolf am Landungssteg
Planwagenfahrt mit Traktor (Tel. 081 52/60 73)

8 In den Filzen*
○ Landschaft ● Wandern ○ Freizeit ● Dauer
● Kultur ○ Radeln ○ Kinder *1–2 Std.*

Schön lässt es sich in den Filzen südlich von Raisting wandern. Das Gelände ist eben und verkehrsfrei, die Alpenkette liegt an klaren Tagen zum Greifen nahe. Eigenartig der Kontrast zwischen dem Wallfahrtskirchlein **St. Johann** und den umstehenden großen Schüsselantennen. Am besten geht man von Raisting auf dem Mitterweg nach Süden hinaus, macht an der Kirche St. Johann kehrt und wandert auf dem Hofstätter Weg nach Raisting zurück. (etwa 5 km). Genauso schön, aber fast doppelt so weit ist eine aussichtsreiche Wanderung, die von der Bahnunterführung am Nordrand von Raisting zunächst nach Osten zur Amper führt, dann an der Ammer entlang nach Süden bis zum Oberen Ammerhof und von dort auf dem König-Ludwig-Weg nach Raisting zurück.

9 Stiftskirche Dießen***
○ Landschaft ○ Wandern ○ Freizeit ● Dauer
● Kultur ○ Radeln ○ Kinder *30 Min.*

1039 erstmals erwähnt, war Dießen Stammsitz eines Grafengeschlechts, das auch das Dießener Augustinerchorherrenstift gründete. Die ehemalige Stiftskirche und heutige Pfarrkirche Mariä Himmelfahrt entstand zur 600-Jahr-Feier der Klostergründung auf Geheiß des kunstverständigen Probstes Herculan Karg. Kein Geringerer als der berühmte bayerische Meister Johann Michael Fischer war für den Bau der Kirche verantwortlich, die heute zu seinen Hauptwerken gerechnet wird. Neben Fischer leisteten hier bis zur Kirchenweihe im Jahr 1739 die angesehensten Maler, Bildhauer und Stuckateure Schwabens und Bayerns ihr Bestes. Voll Bewunderung wird die Kirche im Volksmund »Dießener Himmel« genannt, man könnte auch »Dießener Wunder« sagen, denn ihre Schönheit ist überwältigend.

5 Ammersee

Man betritt die Kirche an einer fein geschwungenen Fassade, die vermutlich unter der Mitarbeit von François Cuvilliés entstand. Dann öffnet sich ein weiter, von Licht erfüllter Raum, der in festlichem Weiß-Gold erstrahlt. Wohin man auch schaut, Figuren, Formen und Farben bilden eine harmonische Verbindung. Unter den erstrangigen Künstlern, die hier wirkten, seien nur einige erwähnt: Die Brüder Feichtmayer und Johann Georg Üblhör besorgten die Stuckaturen, die farbenprächtigen Deckenfresken sind das Hauptwerk von Johann Georg Bergmüller. Der Münchner Hofbildhauer Johann Baptist Straub und der als »Bildhauer des Pfaffenwinkels« betitelte Franz Xaver Schmädl schufen die Kanzel und eine Reihe von hervorragenden Figuren. Der mächtige Hochaltar geht auf einen Entwurf François Cuvilliés zurück. Sehenswert auch ein Altarblatt des Venezianers Tiepolo und eine Petrusstatue von Erasmus Grasser. Dehio sieht die Ausstattung der Kirche als die bedeutendste unter allen südbayerischen Abteikirchen. An hellen, sonnigen Tagen kommt ihre Pracht am besten zur Geltung.

Die Stiftskirche in Dießen. Noch weit glanzvoller als die Fassade erweist sich ihr Innenraum.

10 Dießener Strandpromenade
○ Landschaft ● Wandern ○ Freizeit ● Dauer
● Kultur ○ Radeln ○ Kinder *30 Min.*

Erholsam ist es, nach dem Besuch der Stiftskirche an der Strandpromenade in Dießen spazieren zu gehen. Man kann am Ufer entlanggehen und genießt dabei schöne Ausblicke auf den See und das gegenüberliegende Ufer, wo unter anderem die Andechser Klosterkirche herübergrüßt.

An der Seepromenade steht ein **Ausstellungspavillon** mit Produkten Dießener Künstler. Der Ort ist von alters her ein Zentrum besonders der Töpfer und Zinngießer. So ist der

Münchner Umland/West

TOP EVENTS

Dießen:
Süddeutscher Töpfermarkt an Christi Himmelfahrt
Seefest und Fischerstechen im Juli/August

Herrsching:
Schlossgartenfest im Juni
Fischerstechen im Juli

alljährlich an Christi Himmelfahrt stattfindende große Töpfermarkt ein wichtiger Termin für Keramikfreunde! Wer sich für **Zinngießereien** interessiert, erfährt hier mehr über das seit 1796 in Dießen ansässige Handwerk (Voranmeldung für Besichtigungen unter Tel. 088 07 / 350 oder 50 72). Nach alten Mustern gegossene Leuchter, Krüge und Figuren gehen von Dießen noch heute in alle Welt.

Empfehlenswert ist auch ein Gang am Seeufer entlang nach **Riederau** (einfach 4 km, 2 bis 3 Std.), wo im ältesten Bauernhaus die »Kreisheimatstuben« (Di–Fr und So 14–18 Uhr) eingerichtet wurden. Ihr Motto: Bäuerliche Kultur und Lebensweise vergangener Jahrhunderte.

11 Von Dießen nach Stegen

○ Landschaft   ○ Wandern   ● Freizeit   ○ Dauer
● Kultur   ○ Radeln   ● Kinder

Wenn Sie von Dießen über Utting an das Nordufer fahren, durchqueren Sie nicht nur das aussichtsreiche Hügelland auf der Westseite des Sees, sondern passieren auch sehenswerte *Kirchen: St. Jakobus (1150) in **Schondorf** zum Beispiel ist das älteste Gotteshaus am See und besitzt einen ansehnlichen Hochaltar mit Jakobusfigur. St. Peter und Paul von 1766 in **Eching** zählt Deckenbilder und Altarblätter von Christian Wink und Apostelfiguren von Johann Luidl zu seiner Ausstattung. St. Johann Baptist (1768) in **Inning** schließlich besitzt eine einheitliche Rokokoausstattung, aus der vor allem die Barockaltäre, der blau gefasste Stuck (Thassilo Zöpf) und die Deckenbilder (Chr. Wink) sowie Schnitzfiguren von Schmädl und Luidl herausragen.

Oberhalb von Utting/Schondorf liegt das Staatsgut **Achselschwang.** Dort sind nach Voranmeldung (Tel. 088 06 / 920 30) Führungen ab zehn Personen möglich, doch können sich kleinere Gruppen oder Einzelpersonen auch ohne Führung umschauen.

6 Landsberg

Landsberg ist vor allem ein kunstgeschichtliches Erlebnis! Die mittelalterliche Stadt glänzt mit Kirchen und Museen, mit Türmen, Toren und malerischen Winkeln. Aber auch in der Umgebung locken bereits attraktive Anziehungspunkte. Hier die Freizeitziele zu Ihrer Auswahl:

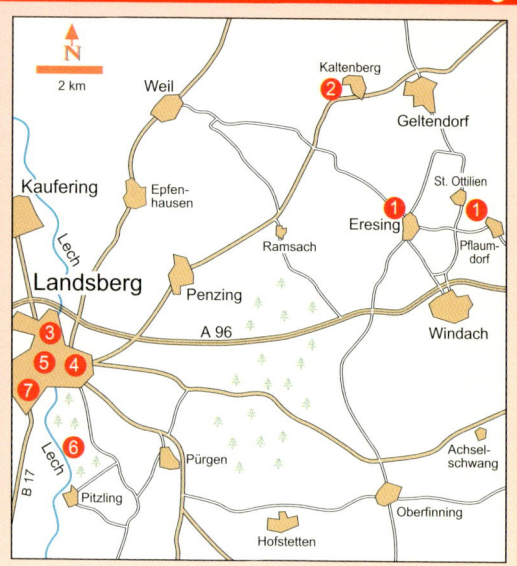

1 Halt in Windach

○ Landschaft ○ Wandern ● Freizeit ● Dauer
● Kultur ○ Radeln ● Kinder 1–2 Std.

Wenn Sie auf der A 96 von München nach Landsberg fahren, bieten sich an der Ausfahrt **Windach** Abstecher an: Das Dorf Eresing 2 km nordwestlich besitzt mit *St. Ulrich eine ausnehmend schöne Kirche. Sie erhielt 1757 von Dominikus Zimmermann ein festliches Barockgewand, ist aber in Teilen noch spätgotisch. Neben Stuck und Fresken gefallen der Hochaltar von Jörg Pfeiffer mit Goldsäulen und Figuren von Lorenz Luidl, aber auch die Seitenaltäre und die Rokoko-Kanzel.

In **Pflaumdorf** gut 2 km nordöstlich von Windach lädt ein **Ponyhof** zum Besuch ein (Sa, So, Fei und in den Ferien tgl. 9–18, sonst 14 bis

ANFAHRT

A 96 München–Landsberg bis Ausfahrt Windach, dann gegebenenfalls weiter nach Eresing

INFORMATION

Fremdenverkehrsverband Ammersee-Lech e.V. in Landsberg:
Tel. 08191/47177

Stadt Landsberg:
Tel. 08191/128246

Münchner Umland/West

EMPFOHLENE KARTE

Kompass Wanderkarte 1:50 000, Blatt 189 Landsberg-Lech, Ammersee

EINKEHRMÖGLICHKEITEN

Eresing:
Vogelwirt (Do, Mo–Sa erst ab 18 Uhr offen)

Windach:
Gasthof Schloss (Mo, B)

Landsberg:
Zum Mohren (Fr ab 14 h, B)
Zederbräu (ohne)
Teufelsküche (Mo, S)

FREIBÄDER

Städtisches Inselbad in Landsberg

18 Uhr). Dort stehen etwa 75 Ponies und Kleinpferde zum Reiten oder Kutschenfahren bereit. Bei schlechtem Wetter geht es in die Halle (Info-Tel. 081 93 / 15 28-10 70).

Nur 1 km nordwestlich davon die weithin sichtbare Erzabtei **St. Ottilien,** ein ab 1887 gegründetes benediktinisches Missionskloster. Sehenswert sind dort nicht nur die neugotische Abteikirche (1899) und die 500 Jahre alte **Kapelle der hl. Ottilia** mit Wessobrunner Stuck und schönen Schnitzfiguren an den Altären, sondern auch das **Missionsmuseum** (tgl. 10–12 und 13–17 Uhr) mit volks- und naturkundlichen Sammlungen aus Afrika und Asien.

2 Kaltenberger Ritterspiele*
○ Landschaft ○ Wandern ○ Freizeit ○ Dauer
● Kultur ○ Radeln ● Kinder

Wer seinen Ausflug an einem der ersten drei Wochenenden im Juli unternimmt, kann in den Genuss des Ritterspektakels auf Schloss Kaltenberg (7 km nordwestl. von Windach) kommen. Es gilt als größtes Ritterturnier der Welt und findet in einem Ritterstadion statt. Mehr als 1000 Mitwirkende in historischer Tracht und mit stilechter Ausrüstung lassen bei den Ritterspielen das Mittelalter wieder lebendig werden.

3 Landsberg**
○ Landschaft ○ Wandern ○ Freizeit ● Dauer
● Kultur ○ Radeln ○ Kinder *2 Std.*

Zur Überwachung einer neuen Salzstraße über den Lech ließ Heinrich der Löwe 1160 auf dem Schlossberg eine Burg errichten. Hundert Jahre später entstand unterhalb eine Siedlung, die schon um 1280 das Stadtrecht erhielt. Einer wirtschaftlichen Blüte im späten Mittelalter folgte der Niedergang im Dreißigjährigen Krieg. Die Stadt erholte sich wieder und wurde im 17./18. Jh. sogar ein regionales Kunstzentrum. Heute ist sie Kreisstadt. Achten Sie neben Kirchen und Museen auf folgende Punkte:

6 Landsberg

Am ***Hauptplatz** mit pittoreskem Ortsbild treten der ***Schmalzturm** (1280), der auch »Schöner Turm« genannt wird, und vor allem das ***Rathaus** hervor. Mit seiner dekorativen Stuckfassade vom Wies-Erbauer Dominikus Zimmermann, der auch mal Bürgermeister von Landsberg war, gilt es als schönster Profanbau der Stadt. Beachtung verdient auch der **Marienbrunnen,** ein Werk des Rokoko, das von einer Immaculata aus der Hand Joseph Streiters gekrönt wird.

Im Nordteil der Altstadt stehen das **Färbertor** (15. Jh.), ein früherer Wehrturm, das ***Bäckertor** (15. Jh.) mit gotischem Treppengiebel und das **Sandauer Tor** (1630) am Nordausgang. Primus aber ist und bleibt das ****Bayertor** (1425), wohl einer der bedeutendsten und schönsten gotischen Tortürme in ganz Süddeutschland. Der 36 m hohe, zinnenbewehrte Hauptturm wird von zwei Neben- und zwei Vortürmen flankiert. Ebenfalls eindrucksvoll erweist sich das schäumende **Lechwehr** (13. Jh.) vor der Kulisse der Altstadt, gesehen von der Karolinenbrücke.

Die Altstadt von Landsberg und das Lechwehr aus dem 13. Jh., gesehen vom Westufer des Lech.

Münchner Umland/West

4. Die schönsten Kirchen von Landsberg*

○ Landschaft ○ Wandern ○ Freizeit ● Dauer
● Kultur ○ Radeln ○ Kinder *je 15 Min.*

Im Jahr 1458 wurde der Grundstein für den kunstgeschichtlichen Mittelpunkt der Stadt gelegt – *Mariä Himmelfahrt.** Valentin Kindl – der Baumeister des Augsburger Kleinods St. Ulrich und Afra – begann die Kirche im Stil der Spätgotik. 1488 waren die Bauarbeiten in einheitlichem Stil abgeschlossen, doch 1680 bis 1710 unterzog man Bau und Ausstattung einer umfassenden Barockisierung.

Im weiten und würdevollen Innern imponieren unter anderem der goldgefasste Hochaltar (Jörg Pfeiffer, 1680), »einer der größten und bedeutendsten hochbarocken Altäre Oberbayerns« (Dehio), der Rosenkranzaltar von Dominikus Zimmermann, aber auch der Wessobrunner Stuck von 1707 und die spätgotischen Glasfenster (15./16. Jh., unter anderem von Hans Holbein d. Ä.). Beachtenswert sind nicht zuletzt Figuren von Lorenz und Johann Luidl, eine bedeutende Muttergottes (1440) von Hans Multscher sowie ein spätromanisches Taufbecken (um 1300) und zahlreiche Grabdenkmäler, wie das Monument für Cyriakus Weber.

Ansehnlich zeigt sich das Bau-Ensemble am Landsberger Hauptplatz, hier mit Marienbrunnen und Schmalzturm (13. Jh.).

6 Landsberg

Die Jesuitenkirche ***Hl. Kreuz,** 1754 von dem Jesuiten Ignatius Merani neu erbaut, besitzt einen überaus prächtigen Innenraum. Farbige von Stuck umrahmte Deckenfresken mit Szenen zur Kreuzlegende fallen ins Auge, sehenswert sind auch der glanzvolle Hochaltar mit Säulenpaaren und Figuren von Franz Xaver Schmädl sowie die schönen Seitenaltäre, die Kanzel und vieles mehr.

Die Kirche ***St. Johannes** am Vorderanger wurde 1752 von Dominikus Zimmermann erbaut. Er schuf auch die Chorfresken und das Herzstück der Kirche, einen filigran gestalteten und trotz eigenwilligen Aufbaus reizvollen Rokoko-Hochaltar mit Figuren von Johann Luidl. Auch für die beiden Seitenaltäre zeichnete Zimmermann verantwortlich. Das Kuppelbild schuf Karl Thalheimer.

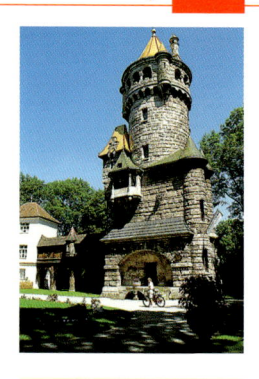

30 m ist der Mutterturm in Landsberg hoch, den Hubert von Herkomer zu Ehren seiner Mutter erbauen ließ.

5 Interessante Museen

○ Landschaft   ○ Wandern   ○ Freizeit   ● Dauer
● Kultur   ○ Radeln   ● Kinder   *je 1 Std.*

Das ***Neue Stadtmuseum** (Di–So 14–17 Uhr) zeigt keltische und römische Funde der Vor- und Frühgeschichte, außerdem Exponate aus Malerei, Bildhauerei und Religion sowie bürgerliche Sammlungen.

Das ***Herkomer-Museum** (Di–So 14–17 Uhr) am Mutterturm stellt Werke des deutsch-englischen Künstlers Sir Hubert von Herkomer (1849–1914) aus, so Porträts, Landschaftsbilder sowie Grafiken und Plastiken. Der seiner Mutter gewidmete Turm (1888) diente ihm als Atelier.

Das **Historische Schuhmuseum** widmet sich der Schuhmode aus acht Jahrhunderten. Zu sehen sind zeit- und landestypische Schuhe aus aller Welt, gefertigt aus verschiedenen Stoffen, sowie Schuhe von Prominenten. Außerdem besitzt das Museum die größte Schuhlöffelsammlung der Welt (Anmeldung Mo–Sa unter Tel. 081 91 / 4 22 96 im Schuhhaus Pflanz, Vorderer Anger 271).

Münchner Umland/West

HITS FÜR KIDS

Teilnahme an mehrstündigen Wald-Erlebnis-Tagen von Mitte Juli bis Mitte September zwischen Ammersee und Lech (Tel. 088 08/14 56)

Pflaumdorf:
Ponyhof (siehe 1)
Missionsmuseum in St. Ottilien

Kaltenberg:
Besuch der Ritterspiele (siehe 2)

Landsberg:
Teilnahme am Ruethenfest (siehe 7)
Rundgang durch die Altstadt
Stadtmuseum oder Schuh- und Schuhlöffelmuseum
Besteigung des Bayertors
Wildpark in der Pössinger Au
Freibad in Landsberg
Minigolf am Campingplatz
Reiten im Reitclub St. Leonhard (Tel. 081 91/94 36 28)
Segelfliegen in Ellighofen 5 km südlich von Landsberg (Info-Tel. 082 46/262 oder 14 68)

6 Lechwanderung
○ Landschaft ● Wandern ○ Freizeit ● Dauer
○ Kultur ○ Radeln ○ Kinder *2 Std.*

Wenn Sie genug haben von Kirchen und Museen, machen Sie sich an der Lechbrücke auf den Weg und wandern am Ufer entlang durch den Lechpark »Pössinger Au« nach **Pitzling**. Die Route ist nicht sonderlich spektakulär, aber angenehm zu gehen.

Sie passieren einen 75 ha großen Wildpark (Rehe, Hirsche, Damwild, Wildschweine), ein Kneippbecken und Bildtafeln über Wald, Pflanzen, Tiere und Wasser. Einkehren können Sie in der Teufelsküche. Hin und retour legen Sie gut 8 km zurück.

7 Ruethenfest*
○ Landschaft ○ Wandern ○ Freizeit ● Dauer
● Kultur ○ Radeln ● Kinder *½ Tag*

Alle vier Jahre, das nächste Mal im Juli 2003, gehört Landsberg den Kindern! Das Ruethenfest, größtes Kinderfest Bayerns, lässt die Geschichte der Stadt lebendig werden. Mehr als 1000 Kinder in historischen Trachten spielen und tanzen Szenen aus Landsbergs Vergangenheit. Weitere Höhepunkt der Veranstaltung sind ein Festumzug mit prachtvollen Pferdegespannen und Festwagen sowie ein originalgetreues Landsknechtslager. Hintergrund des Festes ist ein 500 Jahre alter Brauch, wonach die Kinder mit ihren Lehrern alljährlich im Frühjahr vor die Stadt zogen, Zweige von den ausbrechenden Bäumen und Büschen knickten und dann mit diesen »Ruten« fröhlich singend in die Stadt zurückkehrten.

8 Fernwander-/Radwege*
○ Landschaft ● Wandern ○ Freizeit ○ Dauer
○ Kultur ● Radeln ○ Kinder

Mehrere bekannte und markierte Fernwanderwege und Radferntouren starten in der Region zwischen Ammersee und Lech oder durchlaufen sie. Allen Routen ist gemeinsam, dass sie

6 Landsberg

durch ausgesucht schöne Landschaften führen und vielerorts herrliche Ausblicke auf Vorland und Gebirgskette gewähren.

Man kann die Touren auf eigene Faust unternehmen oder aber eine betreute Tour mit Hotel buchen. Vorteil bei solchen geführten Wanderungen ist, dass der Veranstalter meist den Gepäcktransport übernimmt und damit schweißtreibendes Rucksacktragen entfällt (Anmeldung bei der Arbeitsgemeinschaft Fernwanderwege im Alpenvorland, Von-Kühlmann-Straße 15, 86899 Landsberg, Tel. 08191/ 47177).

Der **König-Ludwig-Weg** (Wanderweg) ist 110 km lang und verläuft von Starnberg bis Füssen. Zwischenstationen sind unter anderem Andechs, Dießen, Wessobrunn, Hohenpeißenberg und die Wieskirche.

Der **Lech-Höhenweg** (Wanderweg) hat eine Länge von 120 km, startet am Zollhaus 20 km nördlich von Landsberg und führt über Landsberg am Lech entlang nach Schongau und weiter über Lechbruck zum Forggensee und endet schließlich in Füssen.

Die **Königlich bayerische Radltour** überwindet eine Gesamtstrecke von rund 350 km. Nach Start in Landsberg geht es über Stegen Richtung Starnberg und weiter über Andechs, Dießen, Peißenberg und die Wieskirche nach Füssen. Der Rückweg verläuft über Forggensee und Lechbruck nach Schongau und dann durch den Sachsenrieder Forst und über Erpfting nach Landsberg.

Die **Super 8 vom Ammersee** (Radtour) legt eine Strecke von etwa 230 km zurück und startet ebenfalls in Landsberg. Zunächst geht es am Lech entlang bis Lechmühlen und dann über Thaining, Windachspeicher, St. Ottilien und Stegen bis Utting. Des Weiteren berührt die Route Kloster Andechs, Dießen und Wessobrunn, bevor man wieder nach Utting und vor dort über Kaltenberg nach Landsberg zurückradelt.

TOP EVENTS

Landsberg:
Ruethenfest (historisches Kinderfest, siehe 7) alle vier Jahre im Juli (nächstes 2003)
Landsberger Stadtfest im Juli
Landsberger Rathauskonzerte ganzjährig (Info-Tel. 08191/12 82 46)

Kaltenberg:
Ritterspiele im Juli (siehe 2)

Radeln ist sehr beliebt – weil es Spaß macht, Erlebnisse schafft und auch noch gesund ist.

Münchner Umland/West

7 Fürstenfeldbruck

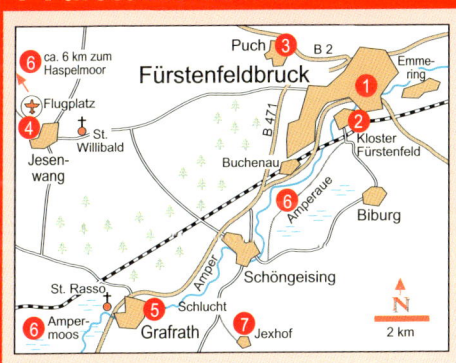

Die Klosterkirche Fürstenfeld ist zweifellos der Glanzpunkt dieser Gegend. Es lohnen sich auch Abstecher zu den naturgeschützten Mooren und zum Museum im Jexhof sowie stille Wanderungen. Hier die Freizeitziele zu Ihrer Auswahl:

ANFAHRT

B 2 bis Fürstenfeldbruck

INFORMATION

Fürstenfeldbruck:
Tel. 081 41 / 28 107 / 108

Grafrath:
Tel. 081 44 / 13 65;
Jesenwang Flugplatz
Tel. 081 46 / 14 44.

EMPFOHLENE KARTEN

Kompass Wanderkarte
1:50 000, Blatt 190
Augsburg-Dachau, Fürstenfeldbruck;

Top. Karte 1:100 000, Blatt München und Umgebung, Bayerisches Landesvermessungsamt München

1 Rundgang in Fürstenfeldbruck
○ Landschaft ○ Wandern ○ Freizeit ● Dauer
● Kultur ○ Radeln ○ Kinder *1 Std.*

Der Doppelname der Kreisstadt gilt erst seit 1803. Bis dahin existierten zwei eigenständige, wenn auch eng verbundene Teile: das 1263 gegründete Zisterzienserkloster Fürstenfeld und die 1306 erstmals als Markt genannte Siedlung Bruck. Bei einem Stadtrundgang beachte man das reizvolle **Ortsbild** an der Leonhardskirche und der Amperbrücke. Gleich anschließend steht das Alte Rathaus (18. Jh.) mit Freitreppe, Giebelreiter und Medaillonreliefs. Schöne Häuser umsäumen auch die weite Hauptstraße. Nicht zuletzt verdienen die spätgotische St.-Leonhard-Kirche und die Kirche St. Magdalena von 1675 Ihr Interesse.

2 Besuch im Kloster*
○ Landschaft ○ Wandern ○ Freizeit ● Dauer
● Kultur ○ Radeln ○ Kinder *1 Std.*

Die ehemalige ****Klosterkirche** wurde ab 1700 neu erbaut, erst unter Leitung von Giovanni Antonio Viscardi, später von Johann Georg Ettenhofer. Es präsentiert sich ein Raum von ge-

7 Fürstenfeldbruck

waltigen Ausmaßen und strahlender Schönheit! Die farbenprächtigen Deckengemälde stammen von Cosmas Damian Asam, der Stuck von den Brüdern Appiani. Prunkvoll sind auch die Altäre, aus denen der viersäulige Hochaltar mit den einbezogenen Chorfenstern nach Entwurf Egid Quirin Asams herausragt. Am reichen Figurenschmuck der Kirche war unter anderem auch Franz Xaver Schmädl beteiligt. Die Kirche birgt aber noch weitere Sehenswürdigkeiten, so zwei gotische Madonnenfiguren, das edle Chorgestühl mit Einlegearbeiten und die vier Oratorien (1760) von Thassilo Zöpf.

Im Kloster untergebracht ist auch das **Stadtmuseum** von Fürstenfeldbruck (Di und Mi 10 bis 16, Sa und So 11–17). Die Abteilungen befassen sich mit der Entwicklung des Klosters, der Ortsgeschichte, mit dem »Leben in Bruck um 1900« (Alltagspflichten und Beschäftigung am Feierabend) und mit der Vor- und Frühgeschichte des Raumes. Es finden auch abwechslungsreiche Sonderausstellungen statt, die meist überregionale Themen behandeln.

EINKEHRMÖGLICHKEITEN

Fürstenfeldbruck:
Post (Sa, So ab 18 Uhr)
Klosterstüberl (Mo, T)

Jesenwang:
Huberwirt (Mi & Do)

Grafrath:
Dampfschiff (Di, G)

Schöngeising:
Braumüller (Mi & Do, G)

FREIBÄDER

Freibäder in Fürstenfeldbruck (»Amper-Oase«), Mammendorf und Grafrath
Erholungsgebiet »Pucher See«

Madonna mit Kind (1480) aus der Klosterkirche Fürstenfeld, ein Hauptwerk Münchner Schnitzkunst der Spätgotik.

Münchner Umland/West

Im mächtigen Stamm der Pucher Linde soll die hl. Edigna jahrzehntelang gelebt haben.

3 Abstecher nach Puch
● Landschaft ○ Wandern ○ Freizeit ● Dauer
● Kultur ○ Radeln ● Kinder *1 Std.*

Am Westrand von Puch ist ein **Denkmal** für Kaiser Ludwig den Bayern errichtet, der hier am 11. Oktober 1347 auf der Bärenjagd gestorben ist. Der Obelisk von Roman Anton Boos stammt aus dem Jahr 1797. Im Dorf steht an der Kirche die tausendjährige *»**Edigna-Linde**«. Der Legende nach soll in ihrem Stamm die selige Edigna, Tochter Heinrichs von Frankreich, 35 Jahre lang ein Einsiedlerleben geführt haben. Sie starb im Jahr 1109. Ihre Gebeine wurden 1600 ausgegraben und in der Kirche nebenan aufbewahrt.

4 Rundflug Oberbayern**
○ Landschaft ○ Wandern ● Freizeit ○ Dauer
○ Kultur ○ Radeln ● Kinder

Wenn Sie gerne in die Luft gehen – der Motorflugplatz Jesenwang (8 km westlich von Fürstenfeldbruck) hilft Ihnen dabei! Im Angebot unter anderem eine Stunde Zugspitze (140 DM pro Person), 50 Minuten zu den Königsschlössern (120 DM) oder fast zwei Stunden entlang den Alpen (220 DM). Der kürzeste Flug kostet 40 DM. Der Flugplatz ist täglich geöffnet (Tel. 081 46 / 14 44).

5 Ziele in Grafrath
● Landschaft ● Wandern ○ Freizeit ● Dauer
● Kultur ○ Radeln ○ Kinder *1 Std.*

An der Grafrather Wallfahrtskirche ***St. Rasso** (1694) haben Künstler mit klangvollen Namen mitgewirkt: Ignaz Günther (Entwurf des Hochaltars), Johann Baptist Straub (Ausführung des Hochaltars) und Johann Georg Bergmüller (Deckengemalde). Den Stuck schufen Wessobrunner Künstler.
  Ein Wanderziel in Grafrath ist die **Amperschlucht** östlich des Ortes. Die Amper ist hier etwas tiefer eingeschnitten und der ausgeschilderte Weg führt am Steilhang entlang.

7 Fürstenfeldbruck

6 Naturgeschützte Moore*
● Landschaft ○ Wandern ○ Freizeit ○ Dauer
○ Kultur ○ Radeln ○ Kinder

Das rund 10 000 Jahre alte und heute etwa 10 km² große **Ampermoos** zwischen Grafrath und Eching entstand durch Verlandung des Ammersees. Das Niedermoos dient als Brutfläche für Standvögel und als Rastgebiet für Zugvögel. Wegen zunehmender Austrocknung, die viele Tier- und Pfanzenarten in ihrem Lebensraum beeinträchtigt, soll der Wasserspiegel durch ein Wehr gehoben und damit das Moos wiederbenässt werden.

Im **Haspelmoor**, einem Hochmoor 5 km westlich von Mammendorf, kann man Moortypen studieren, aber auch eine vielfältige Flora und Fauna. Selten sind die Strauchbirken mit eiförmigen Blättern oder die der Latschenkiefer verwandte und bis zu 10 m hohe Spirke, häufiger ist die Moosheidelbeere. Bevölkert wird das Moor von Hasen und Fasanen, aber auch von Fuchs, Iltis und Steinmarder. Vögel sind in vielen, zum Teil seltenen Arten vertreten, so Kiebitz, Graureiher, Pirol oder Goldhähnchen.

Die **Amperaue** zwischen Kloster Fürstenfeld und Schöngeising enthält zwar das Zellhofer Moos, ist aber mehr eine naturgeschützte Auenlandschaft. Eine beschauliche Wanderung (2 Std.) verläuft vom Kloster im Zuge des Amper-Ostufers nach Süden über Zellhof nach Schöngeising (gut 5 km).

7 Der alte Jexhof
○ Landschaft ○ Wandern ○ Freizeit ● Dauer
● Kultur ○ Radeln ○ Kinder 30 Min.

Das Bauernhofmuseum im Landkreis Fürstenfeldbruck (Di, Mi, Sa und So 14 bis 17 Uhr) zeigt, was zu einem Bauernhof im Brucker Land gehörte: Wohnhaus, Stall, Stadel und weitere Räumlichkeiten, dazu landwirtschaftliche Geräte sowie Obst- und Bauerngarten. Die Zufahrt erfolgt zwischen Schöngeising und Mauern.

HITS FÜR KIDS

Fürstenfeldbruck:
Minigolf an der Schöngeisinger Straße
Wandern auf dem Uferweg nach Emmering
Kloster Fürstenfeld mit Kirche und Stadtmuseum
Reiten im Pferdesportzentrum Fürstenfeld (Tel. 081 41 / 436 28)
Baden in der »Amper-Oase«

Puch:
Edigna-Linde; Erholungsgebiet »Pucher See«

Jesenwang:
Rundflug Oberbayern

Grafrath:
Gang durch die Amperschlucht
Besuch des naturgeschützten Ampermooses (siehe 6)

Jexhof:
Bauernhofmuseum

TOP EVENTS

Fürstenfeldbruck:
Frühlingsfest mit Marktsonntag und Flohmarkt Ende April/Anfang Mai
Volks- und Heimatfest Ende Juni/Anfang Juli
Brucker Altstadtfest Ende Juli
Leonhardifahrt Ende Oktober/Anfang November

Münchner Umland/West

8 Dachau

Bummeln Sie durch die Altstadt von Dachau und lassen Sie sich ebenso wie Lovis Corinth vom Licht im Dachauer Moos faszinieren!
Auf Ihren Besuch warten sehenswerte Kirchen, Schlösser und Museen, während Ammerufer und Badeseen im Süden zu stillen Wanderungen einladen. Einblick in die Greuel der Nazizeit gewährt die KZ-Gedenkstätte. Hier die Freizeitziele zu Ihrer Auswahl:

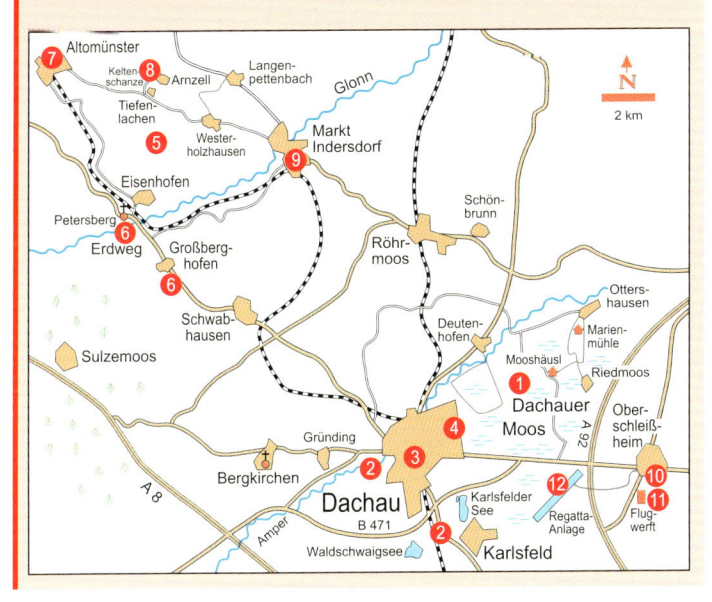

ANFAHRT

B 304 oder B 475 bis Dachau

1 Dachauer Moos

● Landschaft ● Wandern ○ Freizeit ● Dauer
○ Kultur   ○ Radeln   ○ Kinder   1–2 Std.

Anmutige Stimmungen in Farbe und Licht waren es vor allem, die im 19. Jh. Maler ins Moos gelockt haben. Künstler gibt es inzwischen nicht mehr viel, geblieben aber ist der Reiz der Landschaft. Man spürt ihn besonders im Moos östlich von Dachau, das von Verkehr noch

8 Dachau

weitgehend frei ist. Nahegebracht wird Ihnen diese Landschaft auf einer stillen und entspannenden **Wanderung** (gut 7 km), die vom **Mooshäusl** ausgeht (erreichbar von der B 472 westlich Oberschleißheim). Gehen Sie zuerst zum nördlich gelegenen Mooshaus, um dann bis Ottershausen weiterzulaufen. Von dort drehen Sie auf Südkurs, passieren das Gasthaus Marienmühle und biegen nach 2 km rechts ab.

Ein anderer, knapp 8 km langer Rundgang beginnt in **Deutenhofen** (4 km nordöstlich von Dachau). Auf der Torstraße geht es über die Amper rund 2 km nach Süden und dann in Westrichtung abknickend bis zum Rand der Siedlung Dachau-Ost. Nun verläuft die Route nach Norden bis zur Würm, an deren Südufer ein Weg nach Deutenhofen zurückführt.

INFORMATION

Dachau:
Tel. 08131/84566

Erdweg:
Tel. 08138/93171-0

Altomünster:
Tel. 08254/9997-0

Indersdorf:
Tel. 08136/934-0

Oberschleißheim:
Tel. 089/31561316

Schlossverwaltung:
Tel. 089/3158720

Flugwerft:
Tel. 089/3157140

2 Dachauer Spaziergänge*
- Landschaft ● Wandern ● Freizeit ● Dauer
○ Kultur ○ Radeln ● Kinder 1–2 Std.

Eine Stunde dauert ein Spaziergang, den auch die Stadt selbst anpreist und der den Reiz der Amperauen erschließt. Gehen Sie vom Schloss durch Hofgarten und Englischen Garten nach Südwesten hinunter zur Amper, an deren Nordufer bis Mitterndorf und dann am Südufer der Amper zurück.

Ein etwas kürzerer Rundgang beginnt an der Amperbrücke in der Ollenhauerstraße und führt entlang der Amper nach Norden. Hier gibt es einen **Walderlebnispfad** mit Stationen unter anderem zu den Themen Holznutzung, Mischwälder und Borkenkäfer. Beschaulich, aber etwas länger sind folgende Wanderungen: von der Johanneskirche am Gröbenbach entlang bis zum reizvollen **Waldschwaigsee,** wo Sie auch baden können (hin und zurück 6 km, also etwa 1–2 Std.). Oder vom S-Bahnhof über die Augustenfelder- und Münchner Straße zum Erholungsgebiet **Karlsfelder See,** der nicht minder schön liegt und ebenfalls Badegelegenheit bietet (gesamt etwa 8 km, 2 Std.).

Münchner Umland/West

Das Dachauer Schloss, früher Sommerresidenz der Wittelsbacher, mit Hofgarten.

3 Gang durch Dachau*

○ Landschaft ○ Wandern ○ Freizeit ● Dauer
● Kultur ○ Radeln ○ Kinder *1–2 Std.*

Erstaunliche 1200 Jahre ist die Große Kreisstadt Dachau alt, und sie hat eine ereignisreiche Vergangenheit. Ab dem 13. Jh. erlebte sie den Aufstieg zur wirtschaftlich bedeutenden Marktgemeinde, der im 16. und 17. Jh. mit dem Bau des Schlosses und der Pfarrkirche seinen Höhepunkt fand. Bereits 1182 war die Grafschaft vom Geschlecht der Wittelsbacher übernommen worden. Im 19. Jh. wurde Dachau angesehene Malerkolonie. Carl Spitzweg, Max Liebermann und Lovis Corinth, um nur einige zu nennen, kamen nach Dachau. Auch der bayerische Dichter Ludwig Thoma wirkte in der Stadt. 1933 wurde Dachau zur Stadt erhoben. Die wichtigsten Punkte:

Das ***Schloss** (April–Sept. Di–So 9–18, im Winter Di–So 10–16 Uhr) besteht aus nur einem Flügel, der beim Abbruch der verwahrlosten Anlage 1803 erhalten blieb. Im Obergeschoss der Festsaal, der mit seiner prächtigen Kassetten-Holzdecke (12 x 34 m) als »einer der bedeutendsten Renaissance-Säle nördlich der Alpen« (Dehio) gilt. Schön ist auch der westlich anschließende Hofgarten mit herrlicher Aussicht bis zu den Alpen.

EMPFOHLENE KARTEN

Kompass Wanderkarte 1:50000, Blatt 190 Augsburg-Dachau, Fürstenfeldbruck; Blatt 183 Freising-Erding, Markt Schwaben;

Top. Karte 1:100 000, Blatt München und Umgebung, Bayerisches Landesvermessungsamt München

8 Dachau

Im etwas nüchtern wirkenden Innern der ***Pfarrkirche St. Jakob** von 1625 beeindrucken unter anderem die Altaranlage, die lebensgroßen und weißgefassten Schnitzfiguren der Apostel im Langhaus, eine Rasso-Figur (1625) und die vielen Grabmäler und Epitaphien, unter denen der Rotmarmorstein für Wilhelm Locher (1635) ins Auge sticht. Gegenüber der Kirche befindet sich das Minucci-Palais mit dem **Bezirksmuseum** (Mi und Fr 10–16, Do 14–18, Sa 11–17, So 13–17 Uhr), das sich vor allem der lokalen Geschichte, dem Handwerk, der bäuerlichen und religiösen Kultur und der prächtigen Dachauer Tracht widmet.

Die **Dachauer Gemäldegalerie**, die im Sparkassengebäude gegenüber dem Rathaus untergebracht ist, gibt mit fast 500 Bildern aus dem 19. und 20. Jh. einen hervorragenden Einblick in die Dachauer Malschule.

Die ***Altstadt** besitzt weitere sehenswerte Fassaden und Winkel, so in der Konrad-Adenauer-Straße und rund um die Jakobskirche, dort auch das ehemalige Bezirksamtsgebäude »Hafenhaus« aus dem 17. Jh., sowie – ganz in der Nähe – das Rauffer-Anwesen, in dem einst Ludwig Thoma seine Kanzlei betrieben hat.

Ein Ortszentrum zum Wohlfühlen: der Marktplatz in Dachau mit Brunnen, Gasthof und Gemäldegalerie.

Münchner Umland/West

4 KZ-Gedenkstätte*
○ Landschaft ○ Wandern ○ Freizeit ● Dauer
● Kultur ○ Radeln ○ Kinder *1 Std.*

Dachau war nicht nur königlicher Sommersitz und Künstlerkolonie, sondern erlangte auch traurige Berühmtheit durch das 1933 errichtete Konzentrationslager, dem ersten des Nazi-Regimes überhaupt. Hier wurden mehr als 200 000 Häftlinge registriert, über 30 000 fanden den Tod. Das hervorragende Museum dokumentiert die Entwicklung des Dritten Reiches und des KZ sowie das Geschehen im Lager. Ab 1960 wurden hier mehrere Kapellen und Gedenkstätten sowie ein internationales Mahnmal errichtet. (Di–So 9–17 Uhr).

5 »Kleiner Pfaffenwinkel«
● Landschaft ○ Wandern ○ Freizeit ○ Dauer
○ Kultur ○ Radeln ○ Kinder

Das Hügel- und Ackerland nordwestlich der Stadt wirkt mit seinen verschlafenen Dörfern eher herb, ist aber keineswegs reizlos. Dieser Abstecher führt in den Raum Erdweg – Altomünster – Markt Indersdorf, der wegen seiner schönen Kirchen auch »Kleiner Pfaffenwinkel« genannt werden könnte.

Stimmungsvolles ländliches Bild: Das Dorf Altomünster mit seiner angesehenen Kirche St. Alto.

8 Dachau

6 Petersberg
○ Landschaft ○ Wandern ○ Freizeit ● Dauer
● Kultur ○ Radeln ○ Kinder 30 Min.

Räumlicher Mittelpunkt der Gemeinde Erdweg ist der Petersberg, auf dem einmal eine Scheyernburg (Mauerreste) und später ein Kloster standen. Weitgehend erhalten ist die kleine Filial- und ehemalige Benediktinerklosterkirche **St. Peter** von 1107, eine romanische Pfeilerbasilika, die zu den ältesten Kirchen Oberbayerns zählt. Im schlichten Innern fallen die Chorfresken auf, von denen aber nur die Thronende Muttergottes und das Martyrium der Apostelfürsten romanischen Ursprungs sind. Die geschnitzte Muttergottes (16. Jh.) stammt aus der Blutenburger Werkstatt, das barocke Kruzifix ist im 18. Jh. entstanden. Im Sommer findet jeden ersten Sonntag im Monat um 13.30 Uhr eine Kirchenführung statt.

Liebevoll eingerichtet und informativ ist das **Hutter-Heimatmuseum** im Alten Pfarrhaus Großberghofen (Besuchsvereinbarung unter Tel. 08138/697 23 76 oder 93 17 10). Themen der Sammlungen sind unter anderem Vor- und Frühgeschichte, Ortsgeschichte von Erdweg sowie bäuerliches Leben.

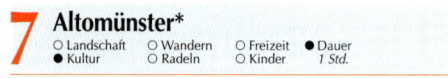

7 Altomünster*
○ Landschaft ○ Wandern ○ Freizeit ● Dauer
● Kultur ○ Radeln ○ Kinder 1 Std.

Über Eisenhofen, Kleinberghofen und Stumpfenbach gelangt man nach Altomünster, wo im Ort das einzige Birgittenkloster Deutschlands liegt. Im Zentrum die Kirche **St. Alto,** bei der Anfahrt schon von weitem zu sehen. Sie wurde 1763 vom berühmten Barockbaumeister Johann Michael Fischer neu erbaut, wobei mit der Abstufung des Bodens die Hanglage der Kirche ausgeglichen wurde und damit eine architektonische Rarität entstand.

Innen zeigt sich eine üppige spätbarocke Ausstattung. Bemerkenswert zum Beispiel die Deckenfresken, der Wessobrunner Stuck, eine

EINKEHRMÖGLICHKEITEN

Dachau:
Hörhammerbräu (ohne)
Zieglerbräu (ohne, S)
Schlosscafé (Mo, T)

Gründing:
Feldl (Do, Sa ab 17, G)

Bergkirchen:
Groß (Mo, B)

Karlsfeld:
Hubertus (ohne, B/T)

Hebertshausen:
Herzog (Mo, T)

Erdweg:
Luegmair (Mo, B)
Gasthaus Erdweg (ohne, S)

Großberghofen:
Wagner (Mo);

Eisenhofen:
Gschwendtner (Fr)

Altomünster:
Maierbräu (Di)
Kapplerbräu (Mo, B)

Markt Indersdorf:
Klostergaststätte (Mo, B)
Funk (Mi, B)

Oberschleißheim:
Schlosswirtschaft (Mo, G)
Zum Kurfürst (ohne, T)
Bergl (Mi ab 16 h, Do, G)

Münchner Umland/West

Schon von weitem zu erkennen: die stattlichen Türme der Indersdorfer Klosterkirche mit ihren beiden Spitzhelmen.

Altaranlage mit Plastiken unter anderem von Johann Baptist Straub sowie die Grabdenkmäler im Vorraum.

In einem Gebäudekomplex gleich neben der Kirche befindet sich seit 1997 das **Museum Altomünster** (Mi–Sa 13–16, So 13–17 Uhr). Es widmet sich der Geschichte des Birgittenordens in Europa und seiner Gründerin, der hl. Birgitta von Schweden, sowie dem Werdegang des Klosters. Geplant ist auch eine Abteilung über die historische Entwicklung des Ortes selbst.

8 Keltenschanze Arnzell

○ Landschaft ○ Wandern ○ Freizeit ● Dauer
● Kultur ○ Radeln ○ Kinder *30 Min.*

Auf dem Weg von Altomünster nach Markt Indersdorf geht es in Tiefenlachen links nach Arnzell. 700 m nordwestlich des Dorfes liegt eine Keltenschanze, die mit Resten von Wällen eine Waldlichtung umschließt und einst zur Verteidigung einer Siedlung diente. Keine besonders aufregende Sache, aber eine Gelegenheit, den »Atem der Geschichte« zu spüren. Ein Spaziergang führt ab der Nordwestecke von Arnzell auf einem Feldweg zur Schanze.

9 Kloster Indersdorf*

○ Landschaft ○ Wandern ○ Freizeit ● Dauer
● Kultur ○ Radeln ○ Kinder *30 Min.*

Es stammt aus romanischer Zeit und war einst ein Augustiner-Chorherrenstift. Heute werden die Räume als Schule genutzt. Spitz ragen die Türme der Pfeilerbasilika *Mariä Himmelfahrt* (1128) in den Himmel, deren Innenraum im Stil des Rokoko ausgestattet ist.

Zu bewundern sind unter anderem die reiche Stuckdekoration von Franz Xaver Feichtmayr d.Ä., die Decken- und Wandbilder, zum Teil von Matthäus Günther, und der glanzvolle Hochaltar. Sehenswert sind auch einige Schnitzwerke sowie die Seitenkapellen und die Klosteranlage selbst.

8 Dachau

10 Schlösser in Oberschleißheim**
○ Landschaft ○ Wandern ○ Freizeit ● Dauer
● Kultur ○ Radeln ○ Kinder *2 Std.*

Wenn Sie jetzt einen Sprung aus dem Dachauer Hinterland in die Region östlich von Dachau machen, landen Sie in Schleißheim, wo eine prächtige barocke Schlossanlage steht. Was um 1600 mit einem schlichten Hofgut anfing, entwickelte sich bis zum 18. Jh. zu einer Barockresidenz mit drei Schlössern und einem repräsentativen Hofgarten. Die bayerischen Kurfürsten konnten also nun wählen zwischen der Münchner Residenz, dem Schloss Nymphenburg und der Anlage in Oberschleißheim.

*Altes Schloss: Nach dem Bau des genannten Hofguts durch Herzog Wilhelm V. ließ dessen Sohn Maximilian I. ab 1617 den Hauptbau zum frühbarocken Schloss mit mehr als 200 Räumen und der Wilhelmskapelle ausbauen. Beachtenswert aus dem alten Baubestand sind neben Stalltrakten sowie Tor- und Uhrenturm vor allem der Hauptbau. Die Gebäude wurde im Krieg schwer beschädigt, der Wiederaufbau erfolgte zwischen 1970 und 1972.

**Neues Schloss: Nach Planungen zu einer großen Sommerresidenz ab 1679 begann Enrico Zuccalli 1701 mit dem Schlossbau. Doch Plankorrekturen und Baustopps verzögerten die Fertigstellung des Hauptbaus unter Leitung Joseph Effners bis 1726. Der weitere Ausbau erfolgte in der zweiten Hälfte des 18. und im 19. Jh. Der 169 m breite Hauptbau umfasst prachtvolle Raumschöpfungen, an denen so berühmte Künstler wie Cosmas Damian Asam, Johann Baptist Zimmermann, Jacopo Amigoni und Ignaz Günther mitgewirkt haben. Beispiele sind das großzügige Treppenhaus, die prunkvollen Festsäle im Obergeschoss (Großer Saal, Viktoriasaal, Große Galerie) und die Gemächer des Kurfürstenpaares.

**Lustheim: 1685 vermählte sich Kurfürst Max Emanuel mit der Kaisertochter Maria Antonia. Dies war Anlass für den Bau des Jagd-

FREIBÄDER

Freibad Dachau und Markt Indersdorf
Badeplätze am Waldschwaig- und Karlsfelder See, am Unterschleißheimer See und an der Regatta-Anlage

HITS FÜR KIDS

Badeplätze am Waldschwaig- und Karlsfelder See

Dachau:
Walderlebnispfad
Schloss und Bezirksmuseum
Reiten im Reiterhof Eschenried (Tel. 08131/6817)
oder in Hebertshausen (Tel. 08131/21406)
Segelfliegen in Dachau
(Tel. Segelflugplatz 08131/84175 nur Fr, Sa, So)

Oberschleißheim:
Neues Schloss und Lustheim
Flugwerft Schleißheim mit Museen
Olympische Regatta-Anlage

Münchner Umland/West

und Gartenschlosses Lustheim unter Leitung von Enrico Zuccalli, das Ende des 17. Jh. auch zum Mittelpunkt prunkvoller Feste wurde. Im Innern der Hauptraum mit Deckenfresko von Francesco Rosa und beiderseits anschließend die Appartements des Kurfürstenpaares.

***Hofgarten:** Der etwa 80 ha große Barockgarten ist durch Kanäle mit Amper, Isar und Würm verbunden. Besonders schön ist die Anlage an der Ostseite des Neuen Schlosses (Kaskade) bis hin zu Schloss Lustheim.

Die Schlösser in Oberschleißheim und ihre Museen sind wie folgt geöffnet: April–Sept. Di–So 9–18, Okt. bis März Di–So 10–16 Uhr.

11 Oberschleißheimer Museen

○ Landschaft ○ Wandern ○ Freizeit ● Dauer
● Kultur ○ Radeln ● Kinder *je 30 Min.–1 Std.*

Gleich sechs Museen, zumeist Zweigstellen der großen Münchner Museen, stehen zur Auswahl:

***Staatsgalerie** (Neues Schloss) mit europäischer Barockmalerei des 17. und 18. Jhs., darunter Bilder von Rubens, Brueghel und van Dyck. Die Räume werden derzeit renoviert

Die repräsentative Ostfront des Neuen Schlosses in Oberschleißheim, davor der Hofgarten.

8 Dachau

und voraussichtlich im Laufe des Jahres 2000 wiedereröffnet.

Die ****Meißener Porzellansammlung** (Lustheim) gilt neben der Dresdner Sammlung als bedeutendste und kostbarste der Welt (offen wie Staatsgalerie).

»**Das Gottesjahr und seine Feste**« (Altes Schloss) präsentiert Zeugnisse des Volksglaubens aus aller Welt.

»**Ost- und Westpreußen und Bayern**« (Altes Schloss) zeigt Ausstellungsstücke und Dokumentationen aus diesen Regionen.

Die **Flugwerft Schleißheim** des Deutschen Museums ist auf dem Gelände des ältesten bayerischen Militärflugplatzes (1912) untergebracht und zeigt interessante Kapitel aus der Geschichte der Luftfahrt. Präsentiert werden rund 50 Flugzeuge und Hubschrauber, unter anderem eine Henkel He 111, eine Phantom II und ein Starfighter sowie kleinere Gerätesammlungen (tgl. 9–17 Uhr).

Das **Landesmuseum** für die Geschichte Ost- und Westpreußens (ebenfalls auf dem Flugplatz) stellt Exponate zur allgemeinen Landesgeschichte aus (Mo–Fr 9–17 Uhr).

12 Olympische Regatta-Anlage*
○ Landschaft ● Wandern ○ Freizeit ○ Dauer
○ Kultur ○ Radeln ● Kinder

Geht man in Oberschleißheim vom Alten Schloss genau nach Westen über Schönleutner-, Veterinär- und St.-Hubertusstraße hinaus, gelangt man über die Autobahn zur olympischen Regattastrecke Feldmoching-Oberschleißheim. Sie lohnt deshalb, weil man an der baulich interessanten Anlage schön entlanggehen, ja sie sogar umrunden kann.

An diversen Wochenenden sieht man auch Bungee-Springer, die sich von einem Krankorb aus an einem Elastikseil in die Tiefe stürzen. Wer das Inline-Skaten ausprobieren möchte, kann sich hier an manchen Tagen Skater leihen. Ohne Rundgänge hin und zurück 6 km.

TOP EVENTS

Dachau:
Volksfest im August
Dachauer Schlosskonzerte ganzjährig (Info-Tel. 08131/84566);

Markt Indersdorf:
Kunstausstellung in der Woche nach Ostern
Marktfest am ersten Sonntag im August
Einwöchiges Volksfest um Christi Himmelfahrt

Oberschleißheim:
Einwöchiges Frühjahrsfest um Christi Himmelfahrt
Bürgerfest am letzten Samstag der Sommerferien

Allgäu

Einzelziele in der Region

9 Oberstdorf   62
  1 Fischen*   62
  2 Burgkirche bei Schöllang   63
  3 Durch Oberstdorf*   63
  4 Illerursprung*   65
  5 Nebelhorn**   65
  6 Breitachklamm**   65
  7 Kleinwalsertal**   66
  8 Radeln im Stillachtal*   67
  9 Fellhorn**   68
 10 Trettachtal**   69
 11 In der Sturmannshöhle*   70

10 Alpsee/Oberjoch   71
  1 Immenstadt   71
  2 In Sonthofen*   73
  3 Sonthofener Naturziele*   74
  4 Nach Burgberg   75
  5 Ins Gunzesrieder Tal   76
  6 In Hindelang*   77
  7 Wandern um Hindelang*   77
  8 Fahrt ins Hintersteiner Tal*   79
  9 Nach Oberjoch*   79

11 Kempten   80
  1 Rundgang in Kempten*   81
  2 Kirchen und Museen   82
  3 Wandern nach Mariaberg*   84
  4 In Wiggensbach*   84
  5 Nach Wengen/Iloten Kleinweiler   85
  6 Burgruine Sulzberg   87
  7 Zum Dengelstein im
    Kemptener Wald   07
  8 Allgäu-Flug ab Durach**   88
  9 Abstecher ins nördliche Illertal   88

Rathaus in Kempten

Blick vom Fellhorn

Einzelziele in der Region

12 Ostallgäu 90
1. Durch die Füssener Seenplatte* 90
2. Wandern um Füssen* 91
3. Ruine Falkenstein* 91
4. Besuch in Pfronten 92
5. Ostallgäuer Radtour* 93
6. In Nesselwang* 93
7. Durch die Wertachschlucht 94
8. Burgruinen bei Eisenberg* 95

13 Füssen 96
1. Halt in Schwangau 96
2. In Füssens Altstadt* 96
3. Kloster St. Mang* 97
4. Das Hohe Schloss* 98
5. Wandern in Stadtnähe 99
6. Auf dem Tegelberg** 99
7. Schloss Hohenschwangau* 100
8. Schloss Neuschwanstein*** 101
9. Rund um den Alpsee* 103
10. Schlosswanderung* 103

Burg Hohenschwangau

Hopfensee

Allgäu

9 Oberstdorf

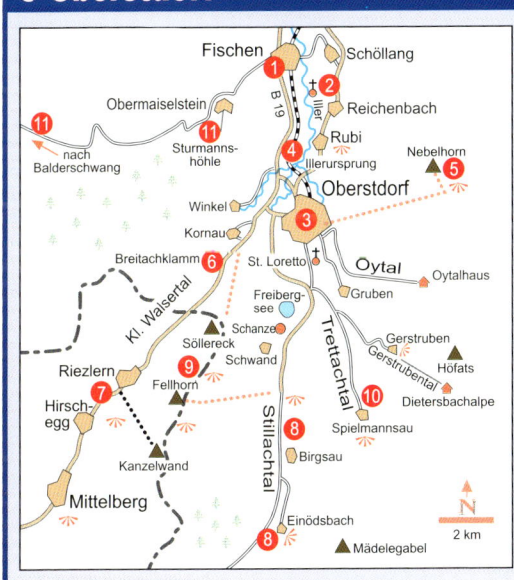

Dieser Ausflug nach Oberstdorf bietet Naturattraktionen in großer Zahl. Dazu gehören die imposante Gipfelschau auf dem Nebelhorn, die wildromantische Breitachklamm und Gebirgstäler wie das Kleinwalser- oder Trettachtal. Hier die Freizeitziele zu Ihrer Auswahl:

ANFAHRT

A 96 bis Buchloe, dann B 12 nach Kempten und weiter auf der B 19 über Sonthofen nach Oberstdorf.

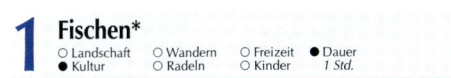

1 Fischen*

○ Landschaft ○ Wandern ○ Freizeit ● Dauer
● Kultur ○ Radeln ○ Kinder *1 Std.*

Fischen, zwischen Sonthofen und Oberstdorf gelegen, ist nicht nur ein adrettes Dorf, sondern besitzt auch zwei beachtliche Kirchen. ***St. Verena,** im Kern spätgotisch, zählt einen klassizistischen Hochaltar (1828) und schöne Figuren (17./18. Jh.) zu seiner Ausstattung. Daneben die ***Frauenkapelle** (1670) von Michael Beer, eine kunstgeschichtlich interessante Kirche mit fünf prächtigen Barockaltären in Schwarz-Gold. Auf dem Hochaltar eine spätgotische Pietà von 1450 als Gnadenbild.

Lohnende Anlaufpunkte im Ort sind auch das »**Fischinger Skimuseum**« im Kurhaus Fiskina (Führung Mi 17 Uhr), das sich der Ober-

9 Oberstdorf

allgäuer und Fischinger Skigeschichte widmet und Ausstellungsstücke vom Schneeschuh bis zum Rennski bereithält, sowie eine **Historische Sägemühle** an der Mühlenstraße (Führung jeden Fr), die zu den ältesten Sägemühlen des Allgäus zählt.

2 Burgkirche bei Schöllang
● Landschaft ● Wandern ○ Freizeit ● Dauer
● Kultur ○ Radeln ○ Kinder *1 Std.*

Rund 1 km südwestlich von Schöllang steht auf einem Bergrücken die **Burgkirche** St. Michael mit Bauteilen aus dem 13./14. Jh. und barocken Altären. Von der Höhe aus haben Sie einen schönen Blick auf Rubihorn und Nebelhorn. Ab dem Weiler Widum unterhalb der Burgkirche führt ein Feldweg nach Süden Richtung Rubi und öffnet nach 2 km eine großartige ****Aussicht** auf die Oberstdorfer Gebirgskulisse, vom Kratzer (links) über Trettachspitze/Mädelegabel und Stillachtal/Fellhorn bis hin zum Kleinwalsertal mit dem Widderstein im Talschluss.

3 Durch Oberstdorf*
○ Landschaft ○ Wandern ○ Freizeit ● Dauer
● Kultur ○ Radeln ○ Kinder *2 Std.*

Der Ort ist stolz auf mehrere Prädikate: Südlichstes Dorf Deutschlands, einer der führenden Kur- und Erholungsorte im Alpenraum, zugleich hoch angesehenes Wintersportzentrum (drei Skischanzen, Eiskunstlauf und drei Bergbahnen).

Beachtenswert sind: Die Kirche **St. Johannes,** nach Ortsbrand 1865 neu erbaut und überwiegend neugotisch eingerichtet. Älter sind noch einige Figuren (14.–18. Jh.) sowie Passionsbilder (1710) und ein Gemälde der Geburt Christi um 1760. Hinter der Kirche die **Seelenkapelle,** die im 15. Jh. als Beinhaus errichtet wurde und beachtliche Wandmalereien enthält. Heute dient sie als Kriegergedächtniskapelle.

INFORMATION

Oberstdorf:
Tel. 08322/700-0

Fischen:
Tel. 08326/1815

Obermaiselstein:
Tel. 08326/277

Kleinwalsertal:
Tel. 08329/51140

EMPFOHLENE KARTEN

Kompass Wanderkarte 1:30 000, Blatt 03 Oberstdorf, Kleinwalsertal;

Top. Karte 1:50 000, Blatt Allgäuer Alpen, Bayerisches Landesvermessungsamt München

Allgäu

Oberstdorf – seine reizvolle Lage im Talschluss des Illertals ist nur einer der Gründe für seine besondere Anziehungskraft.

Über die Grenzen Oberstdorfs hinaus ist das ***Heimatmuseum** (Di–Sa 10–12, 14–17.30 Uhr) bekannt. In einem Bauernhaus von 1620 werden umfangreiche Sammlungen gezeigt, so Wohnkultur, Trachten, Handwerk und Werkstätten (mit dem »größten Schuh der Welt«), aber auch natur- und volkskundliche Bestände und eine Ski-Sammlung.

Am Südrand des Ortes stehen die drei ***Lorettokapellen.** Zu sehen gibt es Fresken, alte Schnitzfiguren, einen der schönsten Allgäuer Rokokoaltäre von Anton Sturm mit Tonfigur (16. Jh.) als Gnadenbild sowie einen Palmesel von Franz Xaver Schmädl (1729).

Eines der berühmtesten Brauchtumsfeste des Allgäus, ja ganz Bayerns, ist der **Wilde-Mändle-Tanz** in Oberstdorf, der alle fünf Jahre von Mai bis September stattfindet (2000, 2005). Er gilt als ältester deutscher Kulttanz und stammt noch aus vorchristlicher Zeit. In dem Hüpf- und Singspiel auf einer kleinen Anhöhe rund 1 km südlich des Ortszentrums führen kostümierte und in gekräuselte Baumflechte gehüllte Männer Huldigungstänze auf.

9 Oberstdorf

4 Illerursprung*
○ Landschaft ● Wandern ○ Freizeit ● Dauer
○ Kultur ○ Radeln ○ Kinder 1,5 Std.

Vom Bahnhof führt die Route hinüber zur Trettach und an ihrem Ostufer nach Norden zum Illerursprung. Dort fließen die Gebirgsbäche Trettach, Stillach und Breitach zusammen und bilden die Iller, die etwa 150 km weiter bei Ulm in die Donau mündet. Wir folgen der Iller 1 km weit bis zu einem Illersteg, wenden uns hier nach Osten und kehren über Rubi und den Hessenwinkel (Weg 11) mit prächtiger Aussicht auf das Oberstdorfer Bergpanorama nach Oberstdorf zurück (6 km).

5 Nebelhorn**
● Landschaft ● Wandern ○ Freizeit ○ Dauer
○ Kultur ○ Radeln ● Kinder

Bezwingen kann man diesen Allgäuer »Kultberg« zu Fuß in gut 4-stündigem Aufstieg über Skistadion und Mittelstation oder aber per Nebelhorn-Bahn. Oben zeigt sich mit Felstürmen, Steilwänden und tiefen Schluchten ein aufregendes Hochgebirgs-Szenario! Ganz zu schweigen vom Alpenpanorama, das vom Schweizer Säntis bis zur Zugspitze reicht. Von den leichten »Hausbergen« am Nordrand der Alpen vermittelt kaum ein anderer ein solch nachhaltiges Bergerlebnis!

6 Breitachklamm**
● Landschaft ● Wandern ○ Freizeit ● Dauer
○ Kultur ○ Radeln ● Kinder 1,5 Std.

4 km südwestlich von Oberstdorf verbirgt sich im tief eingeschnittenen Breitachtal eine der schönsten und wildesten Felsschluchten der Alpen: die Breitachklamm. Ihr besonders imposanter Teil ist gut 1 km lang. Zusammen mit der reißenden Breitach bilden überhängende Felsmauern und dadurch entstehende düstere Hohlräume eine beklemmende Kulisse, bei der die Urgewalten der Natur spürbar werden. Die »Zwing«, so heißt die Klamm auch, erlebte des

EINKEHRMÖGLICHKEITEN

Fischen:
Münchner Kindl
(Mi ab 14 h & Do, S)

Schöllang:
Rank (Mi ab 14 h & Do, T)

Oberstdorf:
Adler (Di, T)
Traube (Mo, B)

Riezlern:
Traube (Mi)
Post (ohne, T)

Hirschegg:
Walserhof (ohne, T)
Ifen Hotel (ohne, T)

Stillachtal:
Arnemanns Gasth. (ohne, T)
Freibergsee (ohne, T)
Birgsau (Fr, G)
Einödsbach (Di, T)

Trettachtal:
Gruben (Mi, T)
Christlessee (ohne, T)
Spielmannsau (Mi, T)

Oytal:
Oytalhaus (Mo)

Obermaiselstein:
Berwanger Hof (Do, T)

FREIBÄDER

Kristall Kur- und Freizeitbad
sowie ein Moorbad in
Oberstdorf
Moorbad Reichenbach,
Freibad in Fischen
Badeanstalt am Freibergsee

Allgäu

»Traumpanorama« bei Mittelberg im Kleinwalsertal mit Blick auf Wildental und Zwölferkopf.

öfteren Hochwasserkatastrophen, unter anderem 1996 mit einem Wasserstand von 4,70 m über dem Gehweg. Faszinierend ist die Klamm auch im Winter, wenn sie vollständig in Eis gehüllt ist. Der Zugang erfolgt vom Gasthaus Walzerschanz oder von der B 19 etwa 500 m vor dem Gasthaus.

7 Kleinwalsertal**
● Landschaft ● Wandern ○ Freizeit ● Dauer
● Kultur ○ Radeln ○ Kinder 2 Std.

Zuerst ein paar Zahlen und Fakten: Das Kleinwalsertal zwischen Grenze und dem Dorf Baad am Talende ist etwa 12 km lang und steigt von rund 990 auf gut 1240 Höhenmeter an. Begrenzt wird es im Osten vom Fellhornriegel, im Westen vom Hohen Ifen (2229 m) und dem Gottesackerplateau. Den Talschluss bildet das markante Widdersteinmassiv (2533 m). Hauptorte sind Riezlern, Hirschegg und Mittelberg.

Die **Landschaft** des Kleinwalsertals ist ein Genuss! Zu beiden Seiten der Breitach dehnen sich sanft geschwungene, blumenreiche Wiesenhänge und kleine Waldstücke aus, dazwischen liegen die Dörfer und Höfe im typischen Walserstil. Gerahmt wird das Ganze von einer beeindruckenden Bergkulisse. In *Riezlern* sind die Deckenfresken in der Pfarrkirche sehenswert, aber auch das Walsermuseum (tgl. außer So und Fei 14–17 Uhr), das unter anderem Walser Tracht und Wohnkultur, religiöse Volkskunst und Alpwirtschaft zeigt. Beachtlich zudem eine gotische Madonna in **Hirschegg** (Kapelle am Leidtobel) sowie das Heimatmuseum in **Bödmen** (1 km südlich von Mittelberg).

Unter den vielen *Wanderrouten* hier zwei leichte, aber genussvolle und aussichtsreiche Strecken: Zum einen der schöne Weg von der Bergstation Söllereckbahn hinunter nach Riezlern (5 km), wo Sie mit dem Bus (alle 15 Min.) zur Söllereck-Talstation zurückfahren können

9 Oberstdorf

(2 Std.). Zum anderen die Route von Riezlern bis Mittelberg (5 km). Hier geht es hinaus über Zwerwald bis Letze, dann auf dem Höhenweg am Osthang des Breitachtals mit herrlicher Aussicht nach Mittelberg. Zurück nehmen wir den so genannten Breitachweg bis Riezlern (5 km) oder den Bus (3 Std.).

8 Radeln im Stillachtal*
● Landschaft ○ Wandern ○ Freizeit ● Dauer
○ Kultur   ● Radeln   ○ Kinder   *3 Std.*

Quasi als verlängertes Illertal läuft das Stillachtal südlich von Oberstdorf auf den Allgäuer Hauptkamm zu und endet in Einödsbach (1114 m), der südlichsten Siedlung Deutschlands. Ab Ortsmitte Oberstdorf sind das bei 300 m Höhendifferenz etwa 11 km, gerade richtig für eine kürzere Radtour, zumal die Strecke ab Talstation Fellhornbahn für Autos gesperrt ist und stärkere Steigungen erst 1,5 km vor Einödsbach beginnen. Sie lernen ein reizvolles und aussichtsreiches Gebirgstal kennen, dessen Talschluss mit Trettachspitze (2595 m), Mädelegabel (2644 m) und anderen Gipfeln zu den schönsten der Allgäuer Alpen zählt. Wie kommt man von Oberstdorf ins Still-

Parade der Zweieinhalbtausender oberhalb von Einödsbach, der südlichsten Siedlung Deutschlands, im Stillachtal.

Allgäu

HITS FÜR KIDS

Fischen:
Skimuseum
Historische Sägemühle
Baden im Freibad
Minigolf am Eingang zum Weidnachnaturpark
Besuch beim Imker oder in einer Käserei (Info über Verkehrsamt)

Oberstdorf:
Heimatmuseum
Minigolf im Fuggerpark
Kutschfahrten ab Mégèver-Platz (Info über Verkehrsamt)
Baden im Moorbad
Ponyreiten auf dem Ponyhof Boxler (Am Dummelsmoos 37, im Sommer 14–17.30 Uhr, Ruhetage Mo, Di) und beim Berggasthof Spielmannsau
Moorlehrpfad (am Moorweiher nahe den Lorettokapellen)
Baden oder Kahnfahren am Freibergsee
Wanderung zum Illerursprung
Auffahrt zum Nebelhorn oder zum Fellhorn
Gang durch die Breitachklamm

Obermaiselstein:
Besuch der Sturmannshöhle
Minigolf im Kurpark

Balderschwang:
Aufstieg zur Eibe (siehe 11)

achtal? Nach Ausfahrt auf der Prinzenstraße passiert man die Lorettokapellen (siehe Punkt 3), dann die berühmte Skiflugschanze und gelangt zur Fellhorn-Talstation. Von dort geht es bis Birgsau und dann hinauf nach **Einödsbach,** wo sich ein *Bilderbuch-Panorama zeigt: Über dem urigen Dorf reihen sich die Felsgipfel von Trettachspitze, Mädelegabel, Hochfrottspitze und »Berge der guten Hoffnung« zu einer überwältigenden Gebirgskulisse, die unsere Blicke auch auf der Terrasse des Berggasthofs immer wieder magisch anzieht. Die Rückfahrt ist ausgesprochen angenehm, denn das Rad läuft praktisch von alleine.

9 Fellhorn**
● Landschaft ● Wandern ○ Freizeit ● Dauer
○ Kultur   ○ Radeln   ○ Kinder   5 Std.

Kleinwalser- und Stillachtal auf einen Blick, dazu die erhabene Gipfelwelt der Allgäuer Alpen – dieses Panorama zeigt sich auf dem 2038 m hohen Fellhorn. Es ist kein markanter Gipfel, sondern mehr ein grasbestandener und blumenreicher Höhenzug, der ab Söllereck über den Schlappoltkopf zur Kanzelwand verläuft. Sein Gratweg ist stark begangen und erfordert wegen der Steilhänge örtlich etwas Vorsicht. Die **Aussicht ist grandios! Im Osten steht der Allgäuer Hauptkamm mit berühmten Felsgipfeln wie Hochvogel, Trettachspitze, Mädelegabel oder Hohes Licht. Im Süden der Talschluss des Kleinwalsertals mit dem alles beherrschenden Widderstein und dahinter die weißen Fassaden des Schweizer Säntis. Im Westen prägen der Hohe Ifen und die Gottesackerwände das Bild.

Die Fellhornwanderung kann an mehreren Punkten begonnen und individuell gestaltet werden. Entweder wählen Sie den Aufstieg im Zuge der Fellhornbahn, oder Sie gehen über Schwand und Freibergsee zur Söllereck-Anhöhe. Empfehlenswert ist folgende Variante: Auffahrt in Deutschlands größter Seilbahnkabi-

9 Oberstdorf

ne zur Mittelstation. Dann Wanderung über Schlappoltsee und Schlappolt-Alp auf Bergpfad hoch zum Söllerkopf und dort nach Süden weiter über Schlappoltkopf und Fellhorngipfel zur Bergstation der Fellhornbahn (etwa 2 Std.). Nun können Sie entweder abfahren oder noch einen einstündigen Abstecher nach Osten auf dem Blumen- und Wanderlehrpfad bis zum Grundsattel machen und von dort zur Mittelstation der Fellhornbahn zurückgehen.

Die Gipfelwelt des Allgäuer Hauptkamms vom Fellhorn aus. In der Mitte hinten der Hochvogel.

10 Trettachtal**

● Landschaft ● Wandern ○ Freizeit ● Dauer
○ Kultur ○ Radeln ○ Kinder 3–4 Std.

Bei dieser Wanderung (ca. 14 km) geht es vom Parkplatz Nebelhornbahn zunächst an der Trettach entlang zur Zwingbrücke, dann in das anmutige Trettachtal mit seinem leicht geschwungenen Wiesengrund und der markanten Bergkulisse, geprägt von der Trettachspitze (2595 m) und dem Kratzer (2428 m). Der Weg führt später hinunter zur Trettach und jenseits des Baches am blaugrünen Christlessee vorbei zum Berggasthof Spielmannsau. Auch dort stehen die Gipfel von Trettachspitze und Kratzer im Blickfeld.

Allgäu

TOP EVENTS

Fischen:
Fischinger Kultur- und Brauchtumstage im Mai

Oberstdorf:
»Wilde-Mändle-Tanz« alle fünf Jahre von Mai bis September (nächster 2000)
Oberstdorfer Osterspiele im März/April
Oberstdorfer Bergfrühling im Juni/Juli
Oberstdorfer Musiksommer Mitte Juli bis Mitte August
Dorffest im August
Viehscheid (Alpabtrieb) im September
Oberstdorfer Kulturtage im September

11 In der Sturmannshöhle*

● Landschaft ○ Wandern ○ Freizeit ● Dauer
○ Kultur ○ Radeln ● Kinder *1 Std.*

Ein Gemheimtipp für Naturfreunde! Die 1 km südlich von Obermaiselstein in einem bewaldeten Felshang verborgene Sturmannshöhle wurde 1903 erschlossen und ist heute die einzige begehbare Natureiszeithöhle im Allgäu. Ihr Besuch ist auf jeden Fall ein Erlebnis, auch wenn Sie erdgeschichtlich weniger interessiert sind.

Zunächst geht es in einem spaltartigen Felsgang gut 50 m flach zum Höhleneingang und dann nochmals rund 80 m eben in den Berg hinein. Dann steigt man über 180 gesicherte Treppenstufen gut 70 Höhenmeter hinunter in den Höhlenkessel. Das Rauschen des Höhlenbachs begleitet durch Felskamine, Spalten und Schlünde mit bezeichnenden Namen, wie »Drachentor« oder »Adlerschacht«. Das Alter des Gesteins wird auf mehr als 600 000 Jahre geschätzt.

Unten angelangt, erreicht man nach wenigen Metern einen kleinen See und das Ende des begehbaren Höhlenbereichs. Die Besichtigung dauert eine dreiviertel Stunde, wobei ein kundiger Höhlenführer alle Besonderheiten der Höhle erklärt. Dringend empfohlen wird warme Kleidung, denn die Temperatur beträgt im Schnitt nur 6 Grad. Ansteuern können Sie die Höhle von Obermaiselstein aus mit dem Auto (ausgeschildert) oder in etwa 30 Minuten zu Fuß (Stündliche Führungen Mai–Okt. 9.30 bis 16 Uhr).

Wenn Sie alte Bäume faszinieren, können Sie von Obermaiselstein aus über den Riedbergpass nach **Balderschwang** fahren (knapp 15 km). Dort steht am Hang Deutschlands älteste **Fihe**, ein Doppelbaum, der nur 6 bis 8 m hoch ist, aber 2000 bis 4000 Jahre alt sein soll. Ein Schild am Ostrand von Balderschwang zeigt Richtung Socherhütte und Höhenweg (400 m, 10 Min. Gehzeit).

10 Alpsee und Oberjoch

Der Weg führt entlang der B 308 vom Alpsee nach Sonthofen und weiter im Ostrachtal über Hindelang zum Oberjoch. Höhepunkte dieser Gegend sind unter anderem die Schluchten an Starzlach und Hirschbach, der Aussichtsberg Grünten und die Kirchen in Berghofen und Bad Oberdorf. Den Auftakt der Tour aber bildet die ehemalige Residenz der Grafen Montfort und Königsegg Immenstadt. Hier die Freizeitziele zu Ihrer Auswahl:

1 Immenstadt
- Landschaft ○ Wandern ○ Freizeit ● Dauer
- Kultur   ○ Radeln   ○ Kinder   1 Std.

Als ehemalige Residenz der Grafen Montfor und Königsegg besitzt Immenstadt ein gefälliges Ortszentrum, in dem auch ein Renaissanceschloss mit prächtigem Festsaal nicht fehlt. Das Immenstädter **Heimatmuseum Hofmühle** (Mi–So 14–17 Uhr) im Gebäude der ehemals gräflichen Hofmühle befasst sich neben Stadtgeschichte und Stadtleben mit dem Element Wasser sowie mit Salz-, Käse- und Leinwandhandel, besitzt aber auch eine ansehnliche Gemäldegalerie und eine Sudetendeutsche Heimatstube.

ANFAHRT

A 96 bis Buchloe, dann B 12 bis Kempten und B 19 nach Immenstadt

Allgäu

Von Interesse ist außerdem der 3 km nordwestlich gelegene ***Große Alpsee**, rund 3 km lang und 1 km breit und damit größter Natursee des Allgäus. Seine nähere Umgebung ist großteils Landschaftsschutzgebiet. Wandermöglichkeiten ergeben sich vor allem am Nord- und Ostufer, an letzterem befinden sich auch ein Strandbad und ein Bootsverleih. Zwischen Bühl und Immenstadt liegt der **Kleine Alpsee** und dort auch das gleichnamige Freibad mit drei beheizten Becken und einem Schwimmkanal.

3 km nördlich des Großen Alpsees liegt Knottenried, wo man den als Rundkurs angelegten **Naturlehrpfad Bergstättgebiet** (etwa 6 km lang; 1,5 Std.) begehen kann. Es ist ein schöner und lohnender Weg, der auf kleinstem Raum die unterschiedlichsten Lebensbereiche der heimischen Tier- und Pflanzenwelt zeigt. Neben Tafeln mit Einzeltieren und -pflanzen beschäftigen sich Schautafeln in Bild und Text mit diversen Themen, wie Laubbäume, Waldtiere, Rehwild, Leben im Waldboden, Wild und Jagd, Bäche und Auen, Fließgewässer und der Wald als Wasserspeicher.

Morgenstimmung am Großen Alpsee nahe Bühl, seines Zeichens der größte Natursee des Allgäus.

10 Alpsee und Oberjoch

2 In Sonthofen*

○ Landschaft ○ Wandern ● Freizeit ● Dauer
● Kultur ○ Radeln ● Kinder 2 Std.

Seit 1963 Stadt, und zwar die südlichste Deutschlands, ist Sonthofen heute Sitz des Landkreises Oberallgäu. Beim Gang durch den Ort sind unter anderem folgende Punkte besonders beachtenswert: Die Kirche **St. Michael,** 1449 erbaut, später aber verändert und nach Kriegsschäden 1945 wiederhergestellt. Im Innern stechen der schmucke Hochaltar mit den geschnitzten Kirchenvätern von Anton Sturm sowie die Figuren am nördlichen Seitenaltar und an der Kanzel hervor. Einen hervorragenden Ruf genießt das **Heimathaus*, eines der schönsten Museen des Allgäus (Di, Do, Fr 10–12 und 15–18; Mi 10–12 und 18–21; Sa 15–18 und So 10–12 Uhr). Themen der Sammlungen sind unter anderem Vor- und Frühgeschichte, kirchliche Kunst, Wohnkultur und einheimische Handwerkszweige. Besonders sehenswert eine Alpsennerei und die Altmummerner Krippe.

Im Osten Sonthofens grenzt der Ortsteil Berghofen an, nicht nur ausgestattet mit bester Lage und Bergsicht, sondern auch mit der ***Kapelle St. Leonhard.** Sie birgt einen schön gearbeiteten Schnitzaltar (1438) von Hans Strigel d. Ä. Die Figuren im Schrein (Muttergottes, Leonhard und Agatha) stammen aus dem Umkreis von Hans Multscher. Zu sehen sind auch Reste mittelalterlicher Wandmalereien.

Freunde von Modelleisenbahnen finden im ***Mo-Lok** ein Spielparadies. Auf zwei Etagen und 400 m² Gesamtfläche laufen drei computergesteuerte Modelleisenbahnanlagen. Mit von der Partie eine Lehmann Spur-II-m-Anlage, bis 23 vollautomatische Züge; von Märklin eine Spur-I-Anlage, bis 12 Züge; eine Spur-H0-Anlage, bis zu 10 Züge (im Sommer tgl. 10–18 Uhr; Sonthofen Nord, Ostrachbrücke in Verlängerung der Grüntenstraße, nach der Brücke links; Tel. 083 21 / 22 180).

Muttergottes mit Kind aus der Leonhardskapelle in Berghofen. Die Plastik stammt aus dem Umkreis von Hans Multscher.

Allgäu

INFORMATION

Immenstadt:
Tel. 08323/914176

Sonthofen:
Tel. 08321/615291

Burgberg:
Tel. 08321/672220

Hindelang:
Tel. 08324/892-0

EMPFOHLENE KARTEN

Kompass Wanderkarte 1:50 000, Blatt 3 Allgäuer Alpen, Kleinwalsertal;

Top. Karte 1:50 000, Blatt Allgäuer Alpen, Bayerisches Landesvermessungsamt München

Seine Aussicht wird weithin gerühmt: der Grünten, 1738 m hoch und »Wächter des Allgäus« genannt.

Besuchenswert ist auch die Modellausstellung **mini-mobil** (Mi–Sa 15–18, So und Fei 11–18 Uhr, Oberstdorfer Straße 10). Gezeigt werden mehr als 8000 Auto-, Flugzeug- Schiffs- und Eisenbahnmodelle meist im H0-Maßstab, die einen hervorragenden Überblick über die technische Entwicklung dieser Verkehrsmittel geben.

3 Sonthofener Naturziele*

● Landschaft ○ Wandern ○ Freizeit ○ Dauer
○ Kultur   ○ Radeln   ● Kinder

Mehr noch als mit innerörtlichen Höhepunkten kann Sonthofen mit Naturschönheiten und Landschaftsreizen in seiner näheren Umgebung aufwarten:

Der ****Grünten** (1738 m) ist Sonthofens Hausberg und bietet wohl einen der umfassendsten Fernblicke am Nordrand der Alpen. Er reicht hinein bis zum Alpenhauptkamm und weit hinaus ins Vorland. Für Auf- und Abstieg (ab Burgberg) muss man rund fünf bis sechs Stunden rechnen.

Bei der ***Starzlachklamm** 1,5 km östlich von Winkel handelt es sich um eine wildromantische Felsschlucht mit Felsabstürzen und kleinen Wasserfällen. Sie ist ca. 1 km lang bei rund 80 m Höhenunterschied (ca. 30 Min.).

10 Alpsee und Oberjoch

Der **Hinanger Wasserfall** (4 km südöstlich Sonthofen) ist vom Dorf Hinang aus in 20 bis 25 Minuten zu erreichen (ausgeschildert). Aus etwa 30 m Höhe stürzt der Bach in dünnem Strahl in ein Becken und sucht sich nun seinen Weg durch Felsquader und Treibholz ins Tal. Keine umwerfende Sensation, aber ein sehenswertes Naturschauspiel. Die Schlucht sollte nur mit festen Schuhen besucht werden.

Zwischen Sonthofen und Fischen erstreckt sich in ansprechender Landschaft am Ostufer der Iller auf 5 km ein **Wasserwirtschaftlicher Lehrwanderweg,** den Sie radeln oder auch zu Fuß abgehen können. 15 in sich abgeschlossene Tafeln erklären in Wort und Bild Themen des Naturhaushaltes, so Auwald, Iller, Wasserkreislauf, Pflanzen, Vögel und Fische an der Iller, Gewässergüte und Gewässerplan. Der Weg beginnt hart südlich des Sonthofener Illerstadions.

4 Nach Burgberg
● Landschaft ● Wandern ○ Freizeit ● Dauer
○ Kultur ○ Radeln ○ Kinder *3 Std.*

Der schmucke Ort Burgberg am Fuße des Grünten, angeblich sonnenreichstes Dorf im Oberallgäu, eignet sich als Ausgangspunkt für einen Gang durch die Starzlachklamm oder für eine Besteigung des Grünten. Auch sein **Geologisch-Botanischer Lehrpfad** in Verbindung mit einem Eisenerzlehrpfad ist über die Grenzen des Ortes hinaus bekannt.

Die Route ist mit dem Schild »Wanderlehrpfad« gekennzeichnet. Sie beginnt an der Dorflinde im Zentrum und verläuft zunächst auf der Blaibacher Straße hinaus, wendet sich dann nach rechts und folgt einem schönen Weg durch das Agathazeller Moos zur Rettenbergstraße. Nun beginnt ein ziemlich beschwerlicher Aufstieg, zum Teil über Treppen, hinauf zum Weinberg (örtlich schöne Aussicht!) und dann wieder hinunter an den Ostrand von Burgberg. Hier können Sie sich

EINKEHRMÖGLICHKEITEN

Immenstadt:
Lamm (ohne)
Drei König (Mi, T)

Sonthofen:
Hirsch (So, G)
Schwäbele Eck (Mo)
Alte Post (Fr & Sa bis 18 h)

Burgberg:
Löwen (Mo, T)
Alpenblick (Mo, T)

Hindelang:
Krone (So abends & Mo)

Bruck:
Ostrachwellen (Mo & Di, T)

Hinterstein:
Konstanzer Jäger (Mo, T)
Giebelhaus (ohne, S)

Oberjoch:
Löwen (Mo, T)

Allgäu

FREIBÄDER

Strand-/Freibad und Badeplätze am Großen und Kleinen Alpsee
Freibäder in Sonthofen, Hindelang und Oberjoch

HITS FÜR KIDS

Bootfahren auf dem Großen Alpsee

Immenstadt:
Heimatmuseum
Minigolf und Pony-Reiten in Bühl am Alpsee

Sonthofen:
Ausstellungen Mo-Lok und mini-mobil
Kutschfahrten (Anmeldung über Gästeamt)
Ballonfahren (Info-Tel. 08321/ 7091 und 88042)
Reiten im Reitstall Winkel (Tel. 08321/3514)
Besuch im Geißenhof in Tiefenbach, Nr. 19 (Tel. 08321/83735)

Burgberg:
Starzlachklamm
Geologisch-Botanischer Lehrpfad

Gunzesrieder Tal:
Alpe Gerstenbrändle (beim Käsen zuschauen)

Hindelang:
Hirschbachtobel und Hammerschmiede
Kutschfahrten (Info über Kurverwaltung)
Minigolf am Hirschbachwaldchen
Familienwanderweg (ausgeschildert) mit Spielstationen

---

entscheiden: Entweder Sie kehren zurück in die Ortsmitte oder gehen über die Alpe Weiher bis zur Abzweigung alter Rossberg im Grubengebiet. Der gesamte Weg ist etwa 10 km lang und enthält vier Tafeln und 21 Informationspunkte (ohne Erklärung).

Bezahlt macht sich hier eine Broschüre zum Lehrpfad, die beim Verkehrsamt Burgberg erhältlich ist. Sie erklärt erdgeschichtliche Besonderheiten, informiert aber auch über Pflanzen- und Tierarten der Gegend und gibt wissenswerte Informationen zum Erzabbau.

5 Ins Gunzesrieder Tal
● Landschaft ○ Wandern ● Freizeit ● Dauer
○ Kultur ○ Radeln ● Kinder *2 Std.*

Das Oberallgäu hat ein neues Konzept entwickelt, das vor allem für Wanderfreunde interessant ist. Nachdem 17 Sennalpen, alle um oder über 1000 m Höhe gelegen, durch ein Wegenetz miteinander verbunden wurden, kann man nun von Alpe zu Alpe wandern, dabei Bergkäse, Butter und Milch ausprobieren und oft sogar beim Käsen zuschauen. An dem Unternehmen sind sechs Alpen um Balderschwang, sechs im Gunzesrieder Tal (Bleichach), drei im Steigbachtal (Immenstadt) und zwei im Oberstaufener Gemeindegebiet beteiligt.

Als erste Kostprobe empfiehlt sich ein Abstecher ins Gunzesrieder Tal. Dort können Sie ab Gunzesrieder Säge nach Westen zur ***Alpe Gerstenbrändle** (1003 m) laufen, verschiedene Käse- und Milchprodukte kosten und auch beim Käsen zuschauen.

Wer sich für weitere Touren der Aktion »Käsewandern« interessiert, sollte sich an die Verkehrsämter der Region wenden. Sie halten eine Broschüre bereit, in der neben diversen Tourenvorschlägen und genauer Beschreibung der Sennalpen auch zahlreiche probierenswerte Käserezepte zu finden sind.

10 Alpsee und Oberjoch

6 In Hindelang*
○ Landschaft ○ Wandern ○ Freizeit ● Dauer
● Kultur ○ Radeln ○ Kinder 1 Std.

Der hoch angesehene Kur- und Erholungsort wird auch im Winter gern besucht. Mit sechs Ortsteilen liegt er malerisch im Ostrachtal, umgeben von schöner Alpenlandschaft. So ist er nicht zuletzt auch idealer Ausgangspunkt für Wanderungen.

Doch Hindelang besitzt auch kunstgeschichtliche Sehenswürdigkeiten. Die **Kirche** im Ortsteil Bad Oberdorf führt zwar ein unauffälliges Dasein, birgt aber gleichwohl hochrangige Kunstwerke, die auf jeden Fall einen kurzen Abstecher lohnen, so der Maria-Krönungsaltar von Jörg Lederer (1519), eine der bedeutendsten Schöpfungen Schwabens. Eindrucksvoll auch das vielverehrte Marienbild von Hans Holbein d. Ä. (1493), das erst 1935 entdeckt wurde, sowie ein Palmesel (1470) aus der Schule Hans Multschers, die spätgotischen Figuren der hl. Barbara und der hl. Katharina um 1520 und ein Chorbogenkruzifix aus der Zeit um 1500.

Zu den Kunstschätzen der Kirche in Bad Oberdorf gehört dieser Palmesel, der um 1470 in Nachfolge von Hans Multscher entstanden ist.

7 Wandern um Hindelang*
○ Landschaft ● Wandern ○ Freizeit ● Dauer
● Kultur ○ Radeln ● Kinder 1–2 Std.

Aus den vielen Möglichkeiten hier beispielhaft drei schöne Routen:

*Über die Luitpoldhöhe: Ein schöner Blick auf das Ostrachtal mit den Hindelanger Ortsteilen und den umgebenden Bergstöcken bietet sich vom Hang nördlich von Hindelang. Eine Wanderung (6 km) führt auf dem Schindackerweg hoch zur Luitpoldhöhe bis kurz vor das Café Polite und von dort westwärts quer über den Hang Richtung Gailenberg. Begangen wird in Teilen ein **geologischer Wanderlehrpfad.** Außerdem passiert man einen von Kalk überlagerten etwa zehn Millionen Jahre alten Hauptdolomit. In Gailenberg steigt man steil hinunter nach Vorderhindelang, wo uns

Allgäu

Top-Aussicht von der Luitpoldhöhe in Hindelang: unten das Dorf, links der Iseler, rechts das Hintersteiner Tal.

ein Wiesenweg nach Hindelang zurückbringt (1,5 Std).

*Durch den Hirschbachtobel: Empfehlenswert ist ein Gang durch die Talenge 1 km nordöstlich Hindelang, wo es unter anderem Gesteinsformationen und kleine Wasserfälle zu sehen gibt. Dort, wo der Hirschbach am Ostrand von Hindelang die B 308 unterquert, führt der beschilderte Weg nach oben. Wegen zum Teil rutschiger Passagen sind feste Schuhe erforderlich. Seinen Charakter als Wildgewässer zeigt der Hirschbach vor allem gegen Ende des Aufstiegs. Hier stürzt er in kleinen Kaskaden über Felsbrocken und Baumstämme zu Tale. Der Zugang zur Schlucht ist auch vom Café Polite aus möglich (1 Std. Gehzeit).

*Entlang der Ostrach: Grün überzogen ist das Ostrachtal und gemustert mit den Farbtupfern der Dörfer und Waldstücke. Eine empfehlenswerte Wanderroute führt von Hindelang auf einem Wiesenweg zunächst nach Vorderhindelang. Der Abstecher zur ***Liebensteiner Kirche** (schöner Stuck und Fresken) wäre lohnend, würde die Kirche nicht meist verschlos-

10 Alpsee und Oberjoch

sen sein. Deshalb steuern wir die Ostrach südlich Vorderhindelang an und wandern am Ufer entlang nach Osten bis auf Höhe Bad Oberdorf oder Bruck und dann zurück nach Hindelang (etwa 7 bzw. 9 km, 2 Std.).

Nahe der Ostrach kann nach vorheriger Anmeldung eine Schaukäserei (Ostrachstr. 40) besichtigt werden, aber auch eine im 14. Jh. als Waffenschmiede erbaute **Hammerschmiede** (Ostrachbrücke südlich Oberdorf), die ein sehr altes Hammersystem mit Wasserantrieb besitzt und heute Pfannen und Schellen herstellt, außerdem eine alte **Sämisch-Gerberei** (Erzeugung besonders weicher Leder) am Schmittenweg 9 und eine weitere Schmiede am Schmittenweg 17.

8 Fahrt ins Hintersteiner Tal*
● Landschaft ○ Wandern ○ Freizeit ● Dauer
● Kultur   ○ Radeln   ○ Kinder   3 Std.

Noch unverfälscht ist der Charakter dieses Gebirgstals mit urwüchsiger Landschaft und steilen Berghängen, das von Bad Oberndorf über Hinterstein zum Giebelhaus verläuft. Das sind etwa 13 km Strecke und 250 m Höhenunterschied. Bis Hinterstein geht es per Auto, ab da verkehren Busse. In Hinterstein gibt es ein **Kutschenmuseum** (tgl. 8–20 Uhr) mit diversen Gefährten, am Wege liegen des weiteren die kleine Hubertuskapelle sowie das Giebel-Haus (Gaststätte) als Endpunkt.

9 Nach Oberjoch*
● Landschaft ○ Wandern ○ Freizeit ○ Dauer
○ Kultur   ○ Radeln   ○ Kinder

Der Abschnitt Hindelang–Oberjoch der Deutschen Alpenstraße hat mehr als 100 Kehren und zählt zu den ältesten deutschen Passstraßen. Oben bietet sich von der *»Kanzel« ein schöner Blick auf Ostrachtal und Berge. Oberjoch selbst liegt auf 1136 m Höhe, also gut 300 m höher als Hindelang, und ist damit das höchstgelegene Passdorf Deutschlands.

TOP EVENTS

Immenstadt:
Stadtfest im Juli
Viehscheid (Alpabtrieb) im September

Sonthofen:
Volksfest im Juni auf dem Festplatz
Egga-Spiel (Pantomimenspiel über die Winteraustreibung) alle drei Jahre am Sonntag nach Fasching (2000, 2003)

Hindelang:
Viehscheid im September

Allgäu

11 Kempten

Kempten zählt zu den ältesten deutschen Städten und besitzt hochrangige Sehenswürdigkeiten. Aber auch in der Umgebung gibt es Interessantes zu entdecken. Hier die Freizeitziele zu Ihrer Auswahl:

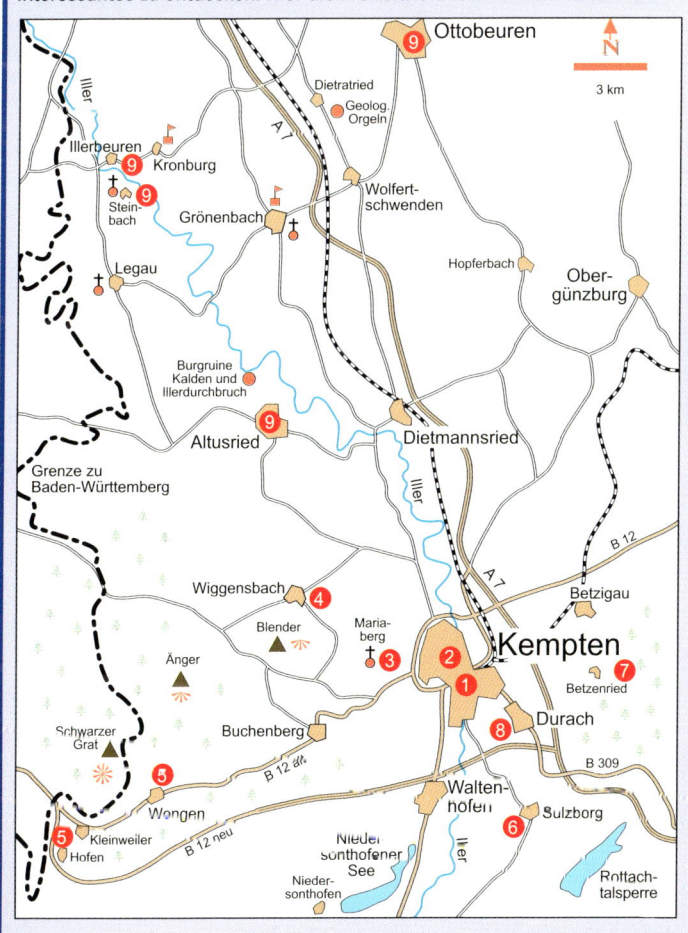

11 Kempten

1 Rundgang in Kempten*

○ Landschaft ○ Wandern ○ Freizeit ● Dauer
● Kultur ○ Radeln ○ Kinder *2 Std.*

Knapp 2000 Jahre ist es her, dass die Römer am östlichen Illerhochufer eine Stadtsiedlung errichteten und ihr den keltischen Namen »Cambodunum« gaben. 752 wurde das Kloster Kempten gegründet, dessen Abt 1213 souveräner Reichsfürst wurde. Die Folge war, dass die Stadt mit dem Kloster in Streit geriet und in zwei Teile zerfiel: In die Stiftsstadt mit weit reichenden Herrschaftsrechten, ab 1712 gar mit eigenem Stadtrecht, und in die bürgerliche Stadt, ab 1361 Freie Reichsstadt und seit dem 16. Jh. auch von erheblicher wirtschaftlicher Bedeutung. Erst 1818 wurde der Zwist zwischen Klerus und Stadt auf Befehl des bayerischen Königs beendet.

Beginnen Sie Ihren Rundgang am besten auf der **Burghalde.** Einst Römerkastell, dann Burg der Klostervögte, ist sie seit 1950 Freilichtbühne. Erhalten sind noch ältere Bauteile, so der Nordturm von 1488. Über die Bäckerstraße mit Häusern des 17./18. Jh. kommt man an den ***St. Mang-Platz** mit der Mangkirche (siehe 2), dem Roten Haus von 1600 und einem Jugendstilbrunnen. Hinter der Kirche gotische Häuser des 13. bis 15. Jh. Anschließend der ***Rathausplatz** mit schönen Patrizierhäusern (unter anderem Londoner Hof, Altes Zollhaus) und dem nicht minder ansehnlichen ***Rathaus.** Im Inneren des dreigeschossigen Gebäudes (1368 Fachwerkbau, 1474 Steinbau) befinden sich sehenswerte spätgotische Holzdecken.

Über die Kronenstraße mit den König´schen Häusern (18. Jh.) geht es zur großen Vierflügelanlage der ***Residenz,** die einst Benediktinerabtei war. In den Jahren 1651 bis 1674 neu erbaut (Michael Beer und Johann Serro), birgt die zweite Etage neben dem Fürstensaal die fürstäbtlichen ***Prunkräume** (Südflügel), zu denen der Thronsaal mit Vorzimmer sowie Audienz-, Arbeits- und Schlafzimmer zählen. Die Räume

ANFAHRT

A 96 bis Buchloe, dann B 12 nach Kempten

INFORMATION

Kempten:
Tel. 08 31 / 25 25-237 oder 08 31 / 194 33

Wiggensbach:
Tel. 083 70 / 84 35

Sulzberg:
Tel. 083 76 / 92 01-19

Durach:
Tel. 08 31 / 56 11 90

Ottobeuren:
Tel. 083 32 / 92 19 51

Museen Illerbeuren:
Tel. 083 94 / 14 55

Bad Grönenbach:
Tel. 083 34 / 77 11

Allgäu

Die Basilika St. Lorenz mit ihrer prachtvollen Innenausstattung ist das sakrale Herz Kemptens.

beeindrucken durch herrliche Stuckaturen (unter anderem Johann Georg Üblhör) und Fresken von Franz Georg Hermann (April bis Sept. Di–So 9 bis 16, Okt. 10–16, Dez. nach Ankündigung, ansonsten nur Sa 10–16 Uhr, Führungen alle 45 Min.). Hinter der Residenz liegen der Hofgarten und die Orangerie. Auf der Westseite schließt neben der Lorenzbasilika das ehem. **Kornhaus** von 1700 mit sehenswerter Fassade an, außerdem das **Zumsteinhaus** von 1802, ein schöner klassizistischer Bau, in dem das Römische- und das Naturkundemuseum untergebracht sind.

2 Kirchen und Museen

○ Landschaft ○ Wandern ○ Freizeit ● Dauer
● Kultur ○ Radeln ● Kinder 1–2 Std.

*St.-Lorenz-Basilika: Ehemalige Stiftskirche und erster großer Kirchenbau Süddeutschlands (frühbarock) nach dem 30-jährigen Krieg. Baumeister waren Beer und Serro. Baubeginn 1652, Weihe 1748. Das Innere besticht durch reiche Prachtentfaltung im Chor und an der Langhausdecke. Besonders schön die goldgefassten und von Farbstuck (Johann Zuccalli) umrahmten Deckenbilder, die einen der frühesten Freskenzyklen in Deutschland darstellen (Andreas Asper). Imponierend auch die Altäre aus mehrfarbigem Stuckmarmor, an denen bedeutende Künstler ihrer Zeit mitgewirkt ha-

11 Kempten

ben, sowie die Kanzel, das geschnitzte Chorgestühl mit einzigartigen Scagliopltten und die Grabdenkmäler der Kemptner Fürstäbte. Einzelstücke sind unter anderem ein Astkreuz (1350) sowie ein Christus von Jörg Lederer (1530).

*St. Mang-Kirche: Die gotische Basilika von 1426 mit ihrem 66 m hohen Turm wurde später einige Male verändert und vertritt in der Ausstattung mehrere Kunstepochen: Neben einem Relieffragment aus dem 8. Jh. und vereinzelten Resten gotischer Fresken birgt sie eine schöne frühbarocke Kanzel (1608), relativ sparsamen Rokokostuck und ein Taufbecken von 1767.

An Museen gilt es zu nennen: Das **Alpinmuseum** im ehemaligen Marstall mit dem Thema »Der Mensch und das Gebirge – von der Geschichte bis zur Gegenwart« und im gleichen Haus die ***Alpenländische Galerie** mit Sakralkunst der Spätgotik aus dem Allgäu, Tirol und Vorarlberg (Di–So 10–16 Uhr). Im Zumsteinhaus – wie erwähnt – das **Römische Museum** mit Funden aus der Siedlung Cambodunum und das **Naturkundemuseum** mit interessanter Gesteinssammlung, ergänzt um umfangreiche Bestände an Vögeln, Schmetterlingen, Libellen und Schnecken (Di–So 10–16 Uhr). Das **Allgäuer Burgenmuseum** (Westendstraße 21, So 10–12 Uhr) gibt einen Überblick über Burgen des Allgäus vom Mittelalter bis heute und gewährt Einsicht ist das Leben, wie es sich in früheren Zeiten auf den Burgen abgespielt hat.

Der sehenswerte ***Archäologische Park Cambodunum** (Mai–Okt. jeweils Di–So 10 bis 17, im Winter nur bis 16.30 Uhr) am östlichen Iller-Hochufer zeigt drei Abschnitte: einen gallo-römischen Tempelbezirk, in dem rekonstruierte Bauten auf originale Grundmauern gesetzt sind; die überdachten »Kleinen Thermen« – eine originale Ruine des einstigen Statthalterpalastes – und letztlich Teile des Forums als Grundriss im Parkgelände.

EMPFOHLENE KARTEN

Kompass Wanderkarte 1:50 000, Blatt 186 Oberschwaben, Leutkirch;

Top. Karte 1:50 000, Blatt Kempten und Umgebung, Bayerisches Landesvermessungsamt München

Eines der interessantesten Museen in Kempten ist der Archäologische Park Cambodunum am östlichen Iller-Hochufer.

Allgäu

EINKEHRMÖGLICHKEITEN

Kempten:
Goldene Traube (ohne, B)
Bräu-Engel
Zum Stift (ohne, B)
Schalander (So)
Mariaberg (Mo, S)

Wiggensbach:
Goldenes Kreuz (ohne, S)
Zum Hirsch (Mo, B)

Sulzberg:
Hirsch (Di, B)
Rössle (Mi, T)

Freizeitpark:
Allgäuer Dorfplatz (ohne)

Ottobeuren:
Hirsch (ohne)

Bad Grönenbach:
Badische Weinstube (Mo, S)

Illerbeuren:
Gromerhof (ohne, T)

3 Wandern nach Mariaberg*
○ Landschaft ● Wandern ○ Freizeit ● Dauer
○ Kultur ○ Radeln ○ Kinder 2–3 Std.

Rund 3 km westlich des Stadtzentrums bietet Mariaberg vor allem von den etwas höher gelegenen Höfen im Südwesten eine prächtige ***Aussicht:** Im Blick die Kette der Allgäuer Alpen und das Illertal von Kempten bis Oberstdorf. Hinauf führen mehrere Wege, unter anderem die Zufahrtsstraße über Hinterrottach oder zu Fuß entlang der Rottach. Im letzteren Fall geht es vom Residenzplatz nach Westen zum Adenauerring und dort auf Robert-Weixler-Straße und Reichelsbergweg hinunter ins Tal der Rottach. Wir wandern an ihrem Ostufer entlang nach Süden bis zum abzweigenden Pulvermühlweg. Ihm folgen wir bis Unterried und steigen dort rechts bis Mariaberg hoch (etwa 10 km).

4 In Wiggensbach*
○ Landschaft ● Wandern ○ Freizeit ● Dauer
● Kultur ○ Radeln ○ Kinder 1 Std.

Der Ort liegt 7 km nordwestlich von Kempten und ist aus mehreren Gründen einen Besuch wert. Da gibt es die **Pankratiuskirche,** zum Teil noch spätgotisch, 1771 aber erneuert, die mit einem schmuckvollen Rokokoraum aufwartet. Eindruck machen vor allem die großen, mit Stuckmedaillons umrahmten Fresken, der schöne Hochaltar und die Kanzel. Sehenswert ist auch das **Heimatmuseum** (Mi 14–16, So 10 bis 12 und 14–16 Uhr) mit volkskundlichen Sammlungen.

3 km südlich von Wiggensbach öffnet sich auf dem ****Blender** (1072 m) eine der schönsten Gebirgssichten der Region. Eine lohnende Wanderung (1–2 Std.) führt ab Wiggensbach auf dem Blenderweg nach Süden und bietet weite Blicke nach Osten auf das grüne, sanft geschwungene Hügelland. Ab Eschachberg geht es dann zu Fuß hinauf zum Fernsehturm auf dem Blender. Das Panorama dort ist über-

11 Kempten

wältigend und reicht vom Hochvogel über den Schluss des Illertals bis hinüber zur Bergkette bei Oberstaufen.

Etwa 3 km westlich von Wiggensbach liegt das Dorf Schwarzachen, wo Sie in der **Hofkäserei** Haggenmüller hausgemachten Käse einkaufen und beim Käsen zuschauen können (Tel. 083 70/ 84 27).

FREIBÄDER

Freibäder in Kempten und Wiggensbach
Badeplätze am Niedersonthofener- und Sulzberger See
Im Norden Freibäder in Ottobeuren, Bad Grönenbach und Altusried

5 Nach Wengen und Hofen-Kleinweiler

○ Landschaft ○ Wandern ● Freizeit ● Dauer
● Kultur ○ Radeln ● Kinder je 1–2 Std.

Wenn Sie vom Blender bis Buchenberg und dort nach Westen fahren, erreichen Sie nach 8 km Wengen. Bekannt ist das Dorf vor allem durch sein *****Miniland,** einer der größten H0-Modelleisenbahnanlagen Europas. 88 m ist der Anlagentisch lang und fast 400 m² misst seine Fläche. Den Rahmen für die Bahnanlagen bilden typische Landschaften zwischen Nordsee und Alpen im Miniaturformat. Auf 1500 m Schienen sind 60 Züge ständig im Einsatz, aber nicht nur das! So starten und landen zum Beispiel beleuchtete Modellflugzeuge, und ein Feuerwerk setzt den Rhein »in Flammen«. Im Stadion verfolgen etwa 3500 kleine Zuschauer ein Spiel, während sich auf dem Rummelplatz

Miniland in Wengen – ein Paradies für kleine und große Freunde von Modelleisenbahnen.

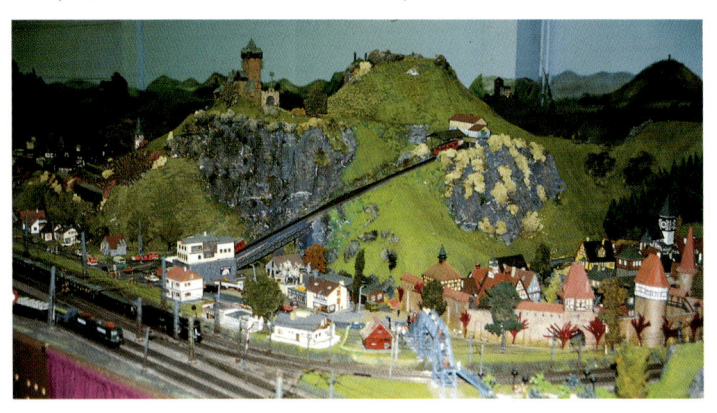

Allgäu

die Karussels drehen und im Autokino sogar ein richtiger Film abläuft (März–Nov. tgl. 9.30–18 Uhr).

5 km westlich von Wengen liegt Hofen-Kleinweiler und auch dort warten zwei lohnende Ziele: Gemeint ist die **Kunsthalle Schwaben** (Di–Fr 10–12 und 14–18, Sa, So 10–18 Uhr), die neben Wechselausstellungen ganzjährig das Werk des Malers Friedrich Hechelmann zeigt. Seine Bilder sind oft in den Farben Blau, Grün und Weiß gehalten und wirken filigran und tiefgründig.

Rund 500 m südlich davon an der B 12 liegt der **Freizeit- und Miniaturpark Allgäu** (tgl. 9.30–18 Uhr), wo sich in einem Schlosspark und in Gartenhallen 200 weltbekannte Bauwerke in Miniaturausgabe präsentieren, so Neuschwanstein, die Athener Akropolis und das Kolosseum von Rom. Zur Anlage gehört auch ein Erlebnispark für Kinder, unter anderem mit Eisenbahnen, Karussells, Trampolins, Flugsimulator, Schwebebahn, Verkehrsübungsplatz und nicht zuletzt einem kleinen Haustier-Streichelzoo.

»Allgäu pur« bei Wiggensbach: grün überzogene Buckelwelt, Bergpanorama und blau-weißer Himmel.

11 Kempten

6 Burgruine Sulzberg
○ Landschaft ○ Wandern ○ Freizeit ● Dauer
● Kultur ○ Radeln ○ Kinder *1 Std.*

Bekannt ist Sulzberg für seine große und hervorragend erhaltene ***Burgruine** – sie liegt etwa 1 km südlich auf einer Anhöhe. Die Anlage wurde um 1100 errichtet, verfiel aber ab Mitte des 17. Jhs. Vorhanden sind noch Teile der Ringmauer und einige Rundtürme sowie der 24 m hohe Bergfried. Im Innern befindet sich ein Burgmuseum (So und Fei 13.30 bis 16.30 Uhr) mit Aussichtsterrasse.

Die **Pfarrkirche** des Ortes sollten Sie ebenfalls kurz aufsuchen. Sie enthält nämlich einen ausgezeichnet gearbeiteten spätgotischen Flügelaltar von 1480.

7 Zum Dengelstein im Kemptener Wald
● Landschaft ● Wandern ○ Freizeit ● Dauer
○ Kultur ○ Radeln ● Kinder *2 Std.*

Eines der größten Findlingsfelder des Alpenvorlandes breitet sich östlich von Kempten aus. Findlinge, auch erratische Blöcke genannt, sind große Gesteinsbrocken, die der eiszeitliche Illergletscher mittransportiert hat, bis sie ausgeschieden wurden und liegen blieben.

Der größte Findling im bayerischen Alpenraum heißt »Dengelstein« und liegt am Westrand des Kempter Waldes ungefähr 1,5 km östlich von Betzenried. Sein sichtbarer Corpus ist rund 8 x 17 x 21 m groß. Er besteht aus so genannter »Nagelfluh«, also einem verfestigten Gemenge von Geröllen und kalkhaltigen Gesteinen, und soll etwa 3000 m^3 Inhalt und 7900 t Gewicht haben.

Eine aussichtsreiche, zum Teil durch Parkgegend führende Wanderung zum Dengelstein (hin und zurück 9 km) beginnt in Betzigau, läuft nach Süden bis Betzenried und dann noch 1,5 km nach Osten. Sie können auch per Auto bis Betzenried fahren und von dort einen gemütlichen Spaziergang zu dem Naturdenkmal machen (1 Std.).

HITS FÜR KIDS

Kempten:
Prunkräume der Residenz
Römer- und Naturkundemuseum sowie der Archäologische Park Cambodunum
Abstecher zum Burgenmuseum
Kinderstadtführung (Mai–Okt. jeden zweiten Samstag im Monat, 11 Uhr ab Burghalde)
Freibad am Göhlenbach (2 km südwestl. des Zentrums)
Ballonfahren (Tel. 0831/13453)
Minigolfanlage in der Thomas-Dachser-Str. 5; Reitschule am Adenauerring 12–14 (Tel. 0831/24620)

Umland von Kempten:
Heimatmuseum in Wiggensbach
Aussicht vom Blender
Miniland in Wengen
Freizeit- und Miniaturpark Allgäu in Hofen-Kleinweiler
Burgruine in Sulzberg
Dengelstein im Kempter Wald
Rundflug Allgäu ab Durach
Käserei- und Flachsmuseum in Altusried
Basilika in Ottobeuren
Bauernhof- oder Schützenmuseum in Illerbeuren
Burgruine Kalden mit Illerdurchbruch
Minigolfanlage und Reithalle in Grönenbach (Nordrand)

Allgäu

TOP EVENTS

Kempten:
Kemptener Jazz-Frühling Ende April/Anfang Mai
Himmelfahrtsmarkt mit Händlermarkt im Mai
APC-Sommer (Musik und Theater im Archäologischen Park) Juni–September
Kemptener Stadtfest am ersten Samstag im Juli
Allgäuer Festwoche mit Kulturprogramm Mitte August
Kathreinemarkt (Vergnügungspark) Ende Oktober

Kemptener Umland:
Allgäuer Freilichtspiele alle vier Jahre in Altusried (nächste 2003)

8 Allgäu-Flug ab Durach**
○ Landschaft ○ Wandern ● Freizeit ○ Dauer
○ Kultur ○ Radeln ● Kinder

Den Blick übers Allgäu aus der Vogelperspektive ermöglicht die Flugschule Deutscher Alpenflug in Durach. Sie können sich nicht nur diverse Ziele aussuchen, etwa die Zugspitze oder den Bodensee, sondern auch zwischen Segelflugzeug (1 Passagier), Motorsegler (1 Passagier) und Motorflugzeug (2–3 Passagiere) wählen. Preisbeispiele für Motorflugzeug: Ein Grüntenflug (15 Min.) kostet 55 DM pro Person, zur Zugspitze (42 Min.) 130 DM (Flugbetrieb im Sommer tgl. 9–19 Uhr; Anmeldung unter Tel. 08 31/659 29).

9 Abstecher ins nördliche Illertal
○ Landschaft ○ Wandern ○ Freizeit ○ Dauer
● Kultur ○ Radeln ○ Kinder

Wenn Sie per Auto unterwegs sind und einen Abstecher von rund 30 km nicht scheuen, erwarten Sie im nördlichen Vorland von Kempten attraktive Freizeitziele. Zu nennen sind unter anderem das **Käserei- und Flachsmuseum** (Mo–Mi und Fr 9–12, Do 15–18 Uhr) in Altusried, außerdem das ***Schwäbische Bauernhofmuseum** (Di–So 9–18 Uhr) in Illerbeuren, ältestes Freilandmuseum Bayerns, das sich der bäuerlichen Kultur widmet und Allgäuer Wohn- und Nutzbauten sowie Werkstätten des 16. bis 19. Jhs. mit Möbeln, Hausrat, Trachten, Gerätschaften und Werkzeug zeigt. Sehr schön präsentiert sich der mit Fachwerk versehene Grieshof gleich hinter dem Museumsgasthaus »Gromerhof«. Unweit davon im Haus Nr. 14 das **Schwäbische Schützenmuseum** (Di–So 9–18 Uhr) mit Sammlungen aus dem Schützenwesen, unter anderem Schützenscheiben, Abzeichen, Waffen und Pokale.

Vis à vis thront über dem Illertal ****Maria Steinbach**, im 18. Jh. einer der wichtigsten süddeutschen Wallfahrtsorte. 1754 geweiht, gilt die Kirche als ländliches Gegenstück zur

11 Kempten

Basilika in Ottobeuren, ist doch auch ihre Ausstattung von verschwenderischer Pracht. Beachtung verdienen die Deckenfresken, die Stuckierung, die prächtigen Stuckmarmoraltäre und die stilvolle Kanzel.

Noch weit eindrucksvoller präsentiert sich im 12 km entfernten Ottobeuren Deutschlands schönste ***Barockbasilika**. Vom berühmten Münchner Barockbaumeister Johann Michael Fischer 1737 bis 1766 erbaut, zeigt sich das Innere als prunkvoller Festsaal mit gewaltigen Ausmaßen und in vollendeter Harmonie! Die beeindruckendsten Elemente dieses Raums sind die Deckenbilder (Johann Jakob Zeiller), der teilvergoldete Rocaillestuck (Johann Michael Feichtmayr) sowie die 16 aus grauem und rotem Stuckmarmor gearbeiteten Rokokoaltäre, aus denen der Hochaltar sowie der Kreuzaltar mit seinem romanischen Gnadenheiland herausragen. Beachtenswert auch die prächtige Kanzel mit gegenüberliegendem Taufbecken (Feichtmayr und Joseph Christian), das Chorgestühl mit Reliefs und Skulpturen (Christian) und die berühmten Orgeln von Karl Joseph Riepp. Das **Klostermuseum** (Mo–Fr 10–12 und 14 bis 17, So 10–12 und 13–17 Uhr) gewährt Einblick in die Klosterräume.

Das Bauernhausmuseum Illerbeuren ist das älteste Freilandmuseum Bayerns und zeigt schmucke Höfe sowie alte Werkstätten.

Allgäu

12 Ostallgäu

Ostallgäu – das bedeutet grün überzogene Hügellandschaft und herrliche Ausblicke, aber auch jede Menge interessanter Anlaufpunkte! Egal, ob Sie Fan von Bilderbuchdörfern, Burgruinen und Barockkirchen sind oder lieber Boot fahren, sich auf den Drahtesel schwingen oder auf Schusters Rappen die Gegend erkunden – in dieser Region kommt jeder auf seine Kosten. Hier die Freizeitziele zu Ihrer Auswahl:

ANFAHRT

A 96 bis Landsberg, dann B 17 (Romantische Straße) bis Füssen

1 Durch die Füssener Seenplatte*
● Landschaft   ○ Wandern   ○ Freizeit   ● Dauer
● Kultur   ○ Radeln   ● Kinder   2–3 Std.

Gerühmt wird das Seegebiet um Füssen ob seiner Landschaft und der Bergkulisse, aus der unter anderem Tegelberg (1880 m) und Säuling (2039 m) sowie Tannheimer Berge und Aggenstein (1985 m) herausragen. Die Rundfahrt führt von Füssen auf der B 17 nach Buching, dort links bis Rosshaupten und dann nach Süden über Ussenburg und Rieden bis Hopfen. Auf dem Weg nach Füssen kann man noch über den Weißensee fahren.

Am Wege liegen der naturgeschützte **Bannwaldsee** (etwa 3 km²) und der ***Forggensee** (etwa 15 km²), der größte künstliche Stausee Süd-

12 Ostallgäu

deutschlands, in dessen Fluten 1954 einige Höfe (unter anderem der Weiler Forggen) versunken sind. Außerdem der anmutige ***Hopfensee** (etwa 2,5 km^2), ein beliebter Badesee, und der **Weißensee** (etwa 1,5 km^2). Spektakuläre ****Aussichtspunkte** finden sich am Nordrand des Forggensees und am Nordhang in Hopfen, vor allem aber auf der Höhe bei **Ussenburg** mit überwältigender Sicht Richtung Füssen und Allgäuer Alpen.

In Rieden am Forggensee gibt es ein **Puppenmuseum** (Di, Mi 10–12 Uhr oder auf tel. Anfrage 08362/3470), das etwa 600 Puppen, davon ein Drittel alte Exemplare, mit viel Zubehör präsentiert. Angeschlossen ist ein Puppenstudio, wo Sie Puppen kaufen können.

2 Wandern um Füssen*

○ Landschaft ● Wandern ○ Freizeit ● Dauer
○ Kultur ○ Radeln ○ Kinder je 1,5 Std.

Die folgenden zwei Wanderungen am Seeufer vermitteln bei weiter Aussicht den ganzen landschaftlichen Reiz der Region.

*Route 1 startet in Schwangau und führt über Horn zum Forggensee, an dessen Ufer über Waltenhofen nach Brunnen und dann wieder zurück. Das Besondere an dieser 7 km langen Strecke: Herrliche Ausblicke auf den See sowie auf Neuschwanstein und Hohenschwangau.

*Route 2 (etwa 6 km) führt um den Hopfensee. Man gelangt auf ihr nur ab und zu direkt zum Seeufer, dafür bietet die Route aber schöne Ausblicke, besonders wenn man in Hopfen ein Stück Richtung Enzensberg (Klinik) geht.

3 Ruine Falkenstein*

○ Landschaft ● Wandern ○ Freizeit ● Dauer
● Kultur ○ Radeln ○ Kinder 1–2 Std.

Es war der kühne Plan Ludwig II., seinen Märchenschlössern Linderhof, Neuschwanstein und Herrenchiemsee noch ein viertes Prachtschloss hinzuzufügen: Burg Falkenstein! Auf

INFORMATION

Füssen:
Tel. 08362/93850

Hopfen a. S.:
Tel. 08362/7458

Pfronten:
Tel. 08363/698-88

Nesselwang:
Tel. 08361/19433
oder 923040

EMPFOHLENE KARTE

Top. Karte 1:50000, Blatt Füssen und Umgebung, Bayerisches Landesvermessungsamt München

EINKEHRMÖGLICHKEITEN

Füssen:
siehe Ausflug 13

Hopfen:
Fischerhütte (ohne, B/T)

Rosshaupten:
Jörg (Mo, T)

Pfronten:
Adler (Mi, B)
Oberer Wirt (Mo, B)
Krone (Mo, T)
Schlossanger-Alp (ohne, T)

Nesselwang:
Post (ohne, T)
Bären (Mi, B)
Hasen (Do, B)

Allgäu

FREIBÄDER

Badeplätze an allen Seen rund um Füssen
Freibad in Pfronten
Spass- und Erlebnisbad »ABC« in Nesselwang

HITS FÜR KIDS

Füssen:
siehe Ausflug 13

Füssener Umland:
Badeplätze und Strandbäder am Forggen-, Hopfen- und Weißensee
Aussichtspunkt Ussenburg
Burgruinen Falkenstein sowie Eisenberg und Hohenfreyberg

Pfronten:
Alpenbad
Alpenblumengarten
Heimathaus
Kutschfahrt oder Reiten (Fohlenhof Sengmüller, Tel. 08363/8521)
Minigolf in Pfronten-Steinach
Geführte Wanderung zur Wildfütterung (Info Verkehrsamt)

Nesselwang:
Sommerrodelbahn
Gang durch die Wertachschlucht
Minigolf am Badeseeweg
Reiten im Allgäuer Reiterhof in Gschwend (Tel. 08361/3271)
Pferdewagenfahrt (Anmeldung über Gästeinformation)
Besuch des Wasserfalls am Hang unterhalb der Alpspitz

dem Felskegel 3 km östlich von Pfronten steht noch Deutschlands höchstgelegene Burgruine, Reste einer 1646 zerstörten Anlage. An ihrer Stelle sollte das neue Schloss entstehen. Wenn man von der Ruine aus die atemberaubende Rundsicht genießt, begreift man, warum der Märchenkönig gerade dort sein neues Traumschloss erbauen wollte. Der Plan wurde nicht mehr ausgeführt, weil der König 1886 im Starnberger See ertrank.

Hoch geht es entweder mit dem Auto von Meilingen zur Schlossanger-Alp, das letzte Stück muss man dann allerdings zu Fuß gehen (0,5–1 Std.), oder man wandert gleich von unten los (1,5–2 Std).

4 Besuch in Pfronten
● Landschaft ○ Wandern ● Freizeit ● Dauer
● Kultur ○ Radeln ● Kinder *1 Std.*

Nicht weniger als 13 Ortsteile besitzt der Luftkurort, und allen gemein sind reizvolle Wiesen- und Hügellandschaft sowie das Alpenpanorama. Im Zentrum das Wahrzeichen des Ortes, die weithin sichtbare **St.-Nikolaus-Kirche** von 1692. Sie hat nicht nur einen formschönen und schlank aufragenden Barockturm, sondern wurde von Pfrontener Künstlern auch sehenswert ausgestattet. So gefallen unter anderem die Fresken, der Hochaltar in Schwarz-Gold sowie die Kanzel und spätgotische Schnitzwerke.

Nur einen Steinwurf entfernt von der Kirche liegt das **Heimathaus** (Mo 15–17 Uhr). Es zeigt heimatkundliche Sammlungen, die einen Eindruck vom bäuerlichen Leben früherer Zeiten vermitteln. Zu sehen sind unter anderem Arbeitsgeräte ländlicher Handwerkszweige sowie Möbel und Gebrauchsgegenstände.

Der **Alpengarten** im Ortsteil Steinach wurde direkt am Ufer der Ach angelegt und bietet Gelegenheit, verschiedene Blumen, Bäume und Pflanzen aus Deutschland und Europa zu studieren.

12 Ostallgäu

5 Ostallgäuer Radtour*
- Landschaft ○ Wandern ○ Freizeit ● Dauer
- ○ Kultur ● Radeln ○ Kinder 3 Std.

Geboten wird herrliche Sicht auf Land und Alpenkette, freilich mit einem Wermutstropfen: die Anstiege gehen ganz schön in die Beine, was ja für Radtouren im Allgäu generell gilt. Und hier die Routenführung: Start ist in Nesselwang. Zunächst geht es auf der Marktoberdorfer Straße nach Nordosten hinaus bis zum Rondell und dort links ab über Schneidbach bis Hirschbühl. Nun drehen wir auf Ost und radeln mit prachtvoller Aussicht über Rückholz, Lerchegg, Dederles und Unterreuten bis Schwarzenbach. Ab hier folgen wir dem Sträßchen über Hollen, Köglweiher und Hertingen zurück nach Nesselwang (rund 23 km).

6 In Nesselwang*
- ○ Landschaft ○ Wandern ● Freizeit ○ Dauer
- ● Kultur ● Radeln ● Kinder

Die neubarocke Kirche *St. Andreas von 1906 besitzt einen sehenswerten Innenraum. Zu erwähnen sind die Stuckdekoration und der mächtige Hochaltar sowie Zunftstangen mit kunstvollen Schnitzfiguren (1670) und eine spätgotische Figur der Margareta (1480).

Diese typisch Allgäuer Landschaft zeigt sich westlich von Nesselwang mit Blickrichtung Füssen.

TOP EVENTS

Pfronten:
Ostermarkt im April
Oldtimertreffen (Autos, Motorräder und anderes) im Juli
Mittelalterlicher Jahrmarkt auf der Dorfer Seeweide im August
Viehscheid (Alpabtrieb) Mitte September

Nesselwang:
Traditioneller Jahrmarkt im April, Juli und August
Johannisfeuer im Juni
Nesselwanger Reiterfest Mitte August
Marktfest erster Samstag im August
Viehscheid am 16. September
»Herbst nach Noten« Ende August bis Mitte Oktober

Allgäu

Dieses spätgotische Vesperbild aus der Zeit um 1490 stammt aus Maria Rain oberhalb des Wertachtals.

Die **Hausberge** Nesselwangs sind die Alpspitz (1575 m) und der Edelsberg (1629 m). Auf dem sonnigen Nordhang dieser beiden Buckel findet sich neben der Alpspitzbahn eine mehr als 1000 m lange **Sommerrodelbahn,** außerdem Reste der 1595 abgebrannten **Nesselburg** und am Ende eines Kreuzweges die aus dem 17./18. Jh. stammende Wallfahrtskirche ***Maria Trost,** die ein großes Deckenfresko, einen vergoldeten Hochaltar mit prächtig gerahmtem Gnadenbild und zahlreiche alte Votivbilder (17.–19. Jh.) ihr Eigen nennt.

Gerade eröffnet wurde das neue Erlebnisbad »**Alpspitz-Bade-Center«,** dessen Attraktionen unter anderem ein Riesen-Whirlpool, eine rasante Wasserrutsche, die »Crazy Bob«-Schwimmhalle sowie Heißwasser- und Naturschwimmbecken sind. Vorhanden auch ein Bistro und ein großer Kinderbereich.

7 Durch die Wertachschlucht

○ Landschaft ● Wandern ○ Freizeit ● Dauer
● Kultur ○ Radeln ○ Kinder *2 Std.*

Eine schöne Wanderung verläuft durch die Wertachschlucht nördlich von Nesselwang. Hinaus geht es ab der Kirche auf der Von-Lingg- und Maria-Rainer-Straße bis zur Hammerschmiede (etwa 1,5 km). Dort beginnt ein **Naturlehrpfad** (rund 2,5 km) durch das Landschaftsschutzgebiet Wertachschlucht, die als eindrucksvolle Wildflusslandschaft bekannt ist. Auf Tafeln entlang des Weges gibt es Hinweise zu heimischen Tieren und Pflanzen. Unterwegs empfiehlt sich ein Abstecher (etwa 500 m) hinauf zur Wallfahrtskirche ***Maria Rain.** Sie stammt von 1497 und besitzt in einem schlichten Innenraum eine kostbare Ausstattung. Prunkstücke sind der prächtige Rokoko-Hochaltar mit spätgotischem Mittelteil und vielen Figuren, darunter ein geschnitztes Gnadenbild von 1490, die nicht minder aufwendigen Seitenaltäre sowie die glanzvolle Kanzel, getragen von einem Engel.

12 Ostallgäu

8 Burgruinen bei Eisenberg*
○ Landschaft   ○ Wandern   ○ Freizeit   ● Dauer
● Kultur   ○ Radeln   ○ Kinder   2 Std.

4 km südlich von Seeg thronen auf einer steilen Bergkuppe die Ruinen zweier Ritterburgen, die – zusammen mit der Anlage Falkenstein – 1646 beim Herannahen der Schweden von eigenen Truppen zerstört wurden:

Die **Ruine Eisenberg** aus dem 12. Jh. beeindruckt vor allem mit einer hohen, dreigeschossigen Rundmauer, die einst wohl den Innenhof und den Rittersaal umschlossen hat, sowie mit Mauer-, Gebäude-, Tor- und Turmresten. ***Ruine Hohenfreyberg** von 1432 war eine ausgedehnte spätgotische Wehranlage und zählt wegen ihres guten Erhaltungszustands zu den schönsten Ruinen des Allgäus. Zu sehen sind noch Teile von Burgfronten, Ringmauern mit Türmen, Toranlagen sowie ein mächtiger, einst dreigeschossiger Schalenturm an der Ostseite.

Unterhalb der Ruinen liegt Zell, und dort wurde ein **Burgmuseum** (Sa, So, Fei 13–16 Uhr, in der Saison auch Mi) eingerichtet. Es präsentiert Funde aus den beiden Burgruinen, so Werkzeuge und Kacheln sowie eine Reihe von Gebrauchsgegenständen des ritterlichen Alltags.

Sie zählen zu den sehenswertesten Burgruinen des Allgäus: Eisenberg und Hohenfreyberg nahe dem Dorf Zell.

Allgäu

13 Füssen

Mittelpunkt dieses Ausflugs bilden die Schlösser Ludwig II., aber auch das »bürgerliche« Füssen. Hier die Freizeitziele zu Ihrer Auswahl:

ANFAHRT

A 96 bis Landsberg, dann auf der B 17 über Schongau nach Füssen

INFORMATION

Füssen:
Tel. 08362/9385-0

Schwangau:
Tel. 08362/8198-0

Weißensee:
Tel. 08362/6500

1 Halt in Schwangau
○ Landschaft ○ Wandern ○ Freizeit ● Dauer
● Kultur ○ Radeln ○ Kinder *30 Min.*

Wer auf der B 17 Richtung Füssen fährt, sieht auf Höhe von Schwangau nicht nur Schloss Neuschwanstein, sondern auch eine freistehende Kirche. Es ist die von Johann Schmuzer 1678 erbaute Wallfahrtskirche *St. Coloman.* Vom Baumeister selbst stammen der reiche Stuck und die vornehmen Stuckmarmoraltäre, die mit farbigen Säulen und Bildern im Gegensatz zum Weiß des Innenraums stehen. In der Ortsmitte von Schwangau wartet ein **Feuerwehrmuseum** (Mai–Okt. jeden Mi 14.30 bis 16.30 Uhr) auf Ihren Besuch. Gezeigt werden Feuerwehrausrüstungen aus früheren Zeiten bis zurück in die Ära Ludwigs II.

2 In Füssens Altstadt*
○ Landschaft ○ Wandern ○ Freizeit ● Dauer
● Kultur ○ Radeln ○ Kinder *1 Std.*

Angekommen in Füssen, gilt es sich bewusst zu machen, dass die Stadt zu den ältesten in Deutschland gehört: Römische Garnison im 4. Jh. an der Römerstraße Via Claudia, Klostergründung St. Mang 748, Stadterhebung wohl Ende des 13. Jh. Einer wirtschaftlichen Blütezeit (15./16. Jh.) folgte der Abstieg im Dreißig-

13 Füssen

jährigen Krieg. Bedeutung hatte die Stadt auch als Zentrum der Lautenmacherkunst (16./17. Jh.) und als Heimat namhafter Kirchenkünstler. 1803 kam Füssen zu Bayern.

Zuerst empfiehlt sich ein Gang durch die **Altstadt** am Fuße des Schlossbergs. Hier stehen noch sehenswerte ältere Wohnbauten (spätgotisch oder 17./18. Jh.), so in der Reichen- und Klosterstraße (Nr. 6 Gartenpavillon des Klosters St. Mang von 1740), Schrannen-, Brunnen- (unter anderem Wohnhaus des Füssener Bildhauers Anton Sturm, Nr. 18) und Spitalgasse (malerische Häuserzeile) sowie am Brotmarkt (Gasthöfe Schwanen und Adler) und im Faulenbachgässchen (Hintere Mühle von 1582). Die **Spitalkirche Hl. Geist** von 1749 enthält neben großen Deckenfresken und Stuckmarmoraltären eine geschnitzte Schutzengelgruppe von Anton Sturm.

3 Kloster St. Mang*
○ Landschaft ○ Wandern ○ Freizeit ● Dauer
● Kultur ○ Radeln ○ Kinder *1 Std.*

Herzstück der Altstadt ist das ehemalige Benediktinerklosters St. Mang, das mit Glanzpunkten aufwarten kann. Das *Klostergebäude, im 18. Jh. von Johann Jakob Herkommer umgebaut, besitzt eine prächtige Bibliothek sowie den freskierten Fürstensaal und beherbergt neben dem Rathaus das *Museum der Stadt (Di bis So 11–16 Uhr) mit den Abteilungen Klostergeschichte, Lauten und Geigen, klösterliche Barocksäle sowie die Müller-Stube und die Annakapelle mit Totentanz.

Die *Klosterkirche wurde von Herkommer nicht nur erbaut (1701–1717), sondern großteils nach seinen Plänen ausgestattet. Das betrifft den reichen Stuck ebenso wie die Fresken in Altarraum und Querhaus sowie die Altäre. Am Hochaltar stehen weiße Marmorstatuen von A. Sturm, die Altarblätter der Querhausaltäre aus farbigem Marmor stammen von Giovanni Antonio Pellegrini. Wirkungsvoll

EMPFOHLENE KARTEN

Kompass Wanderkarte 1:50 000, Blatt 4 Füssen, Ausserfern;

Top. Karte 1:50 000, Blatt Füssen und Umgebung, Bayerisches Landesvermessungsamt München

EINKEHRMÖGLICHKEITEN

Schwangau:
Rübezahl (Mi, T)
Post (Mo, T)

Waltenhofen:
Gasthof am See (Di, T)

Füssen:
Krone (ohne, B)
Zum Schwanen (Mo, B)
Sonne (ohne, B)

Bad Faulenbach:
Waldschänke (Mo, T)

Alatsee:
Alatsee (ohne, T)

Weißensee:
Weißensee (Mo, T)

Hohenschwangau:
Alpenstuben (ohne, T)
Allgäuer Stüberl (ohne, T)
Schloss-Restaurant (ohne, T)

Allgäu

Blick vom Kalvarienberg auf Füssen: links der Schlossberg mit Schloss und Kloster St. Mang, rechts die Altstadt.

auch der schöne Orgelprospekt. Unter dem Ostchor die romanische ***Magnus-Krypta** mit einem 1950 entdeckten Fresko aus der Zeit um 1000. Im Verbindungstrakt von Kirche und Kloster liegt die ***Kapelle St. Anna,** deren Hauptattraktion 20 Totentanz-Bilder auf Holztafeln von Hans Hiebeler sind (um 1600).

4 Das Hohe Schloss*

○ Landschaft ○ Wandern ○ Freizeit ● Dauer
● Kultur ○ Radeln ○ Kinder *1 Std.*

Weithin sichtbar erhebt sich oberhalb der Klosteranlage das Hohe Schloss, eine der besterhaltenen spätgotischen Burgen Deutschlands und einst Residenz der Augsburger Fürstbischöfe. Im 13. Jh. erbaut und ab dem 15. Jh. nahezu unverändert, besteht die Anlage aus drei um einen Hof gruppierten Flügeln und bietet mit ihren Türmen, Toren und Mauern einen romantischen Anblick. Innen ist unter anderem der Rittersaal mit einer spätgotischen Holzdecke (um 1500) bemerkenswert, in dem eine ***Zweiggalerie** der Bayerischen Staatsgemäldesammlungen mit hervorragenden Bildern und Skulpturen untergebracht ist (Mo–Sa 10–12 und 14–16, So 10–12 Uhr).

13 Füssen

5 Wandern in Stadtnähe
○ Landschaft ● Wandern ○ Freizeit ● Dauer
○ Kultur ○ Radeln ○ Kinder je 1–2 Std.

So sehr Altstadt, Kloster und Burg Füssens faszinieren, die Landschaft um den Ort mit ihren parkartigen Zonen und vielen Seen hat eine noch größere Anziehungskraft. Hier zwei schöne Kurzwanderungen: die Ihnen diese Gegend erschließen:

Zum Mitter- und Obersee: Die Route führt ab Lechhalde über das Faulenbachgässchen am Lechufer entlang zur Alatseestraße und weiter an den Freibädern vorbei bis zum Westufer des Obersees. Danach wird kehrt gemacht und nun am Südufer der Seen zurückgegangen. Das ergibt einen ruhigen und reizvollen Spaziergang von rund 5 km. Was sich im Faulenbachgässchen auch anbietet, ist ein Abstecher (etwa 500 m) zum **Lechfall,** einem Naturschauspiel nahe der Tiroler Straße.

Rund um den Weißensee: Aussichtsreich und entspannend – das ist ein Rundgang am Ufer des Weißensees. Der Start ist an jeder Stelle möglich, die Länge des Weges (Nr. 140) beträgt rund 6 km.

6 Auf dem Tegelberg**
● Landschaft ● Wandern ○ Freizeit ● Dauer
○ Kultur ○ Radeln ● Kinder 2 Std.

Wenn es um Füssen geht, darf der 1880 m hohe Tegelberg nicht fehlen. Denn er bietet den wohl schönsten ****Ausblick** auf Stadt, Gebirge und Ostallgäuer Seenplatte sowie auf Schloss Neuschwanstein. Hoch geht es per Tegelbergbahn oder zu Fuß über die Marienbrücke. Letzteres setzt Kondition (3–4 Std. Aufstieg) und Trittsicherheit (kurze Steilhangpassagen) voraus, ist dafür aber auch weitaus erlebnisreicher.

Eine andere empfehlenswerte und abwechslungsreiche ***Wanderung** beginnt an der Talstation der Tegelbergbahn. Der Aufstieg (etwa 3 Std.) zum Tegelberg über die Rohrkopfhütte

FREIBÄDER

Badeplätze und Strandbäder am Mitter- und Obersee, Alatsee, Weißensee, Schwansee, Alpsee und Forggensee

HITS FÜR KIDS

Auffahrt zum Tegelberg
Badeplätze/Strandbäder an den Seen
Schiffsrundfahrt auf dem Forggensee (kleine/große Rundfahrt ab Füssen-Weidach, Bootshafen)

Schwangau:
Feuerwehrmuseum
Ballonfahren (Bavaria Ballonfahrten, Tel. 0 83 62 / 98 34 50)
Sommerrodeln an der Talstation der Tegelbergbahn

Füssen:
Hohes Schloss und Lechfall
Besichtigung der Glasbläserei Fischer (Tel. 0 83 62 / 391 14)
Minigolf in Bad Faulenbach und nahe dem Bootshafen
Reiten im Popplerhof (Augsburger Str. 35, Tel. 0 83 62 / 915 10)

Hohenschwangau:
Burg Hohenschwangau und Schloss Neuschwanstein
Pöllatschlucht und Marienbrücke
Rundgang um den Alpsee

Allgäu

TOP EVENTS

Füssen:
Fronleichnamsprozession durch die Altstadt
Magnusfest (Lichterprozession durch die Altstadt) im September
Musical »Ludwig II. – Sehnsucht nach dem Paradies« ab März 2000 (Info über Kurverwaltung)

Schwangau:
Colomansritt mit Pferdesegnung und Umritt, zweiter Sonntag im Oktober

erfolgt auf dem Kulturpfad »**Schutzengelweg**«, an dem Schautafeln unter anderem über Eiszeiten und Erdentwicklung sowie Kultur und Geschichte informieren.

Wenn Sie konditionell gut in Form sind, geht es ab der Bergstation Tegelbergbahn auf dem Naturpfad »**Ahornreitweg**« an der Südseite des Tegelberges wieder hinunter. Auch bei dieser Route erfahren Sie auf Schautafeln Näheres über Berge, Wald, Tierwelt und Geschichte. Bis zum Ende des Weges an der Einmündung zur Forststraße Bleckenau benötigt man rund zwei Stunden. Natürlich können Sie die beiden Pfade auch einzeln bergauf oder bergab gehen und die übrige Strecke mit der Bahn fahren.

7 Schloss Hohenschwangau*

○ Landschaft ○ Wandern ○ Freizeit ● Dauer
● Kultur   ○ Radeln   ○ Kinder   1–2 Std.

Wenden wir uns Schloss Hohenschwangau zu, einem der beiden romantischen Königsschlösser, die 3 km östlich von Füssen bei Hohenschwangau malerisch über dem Alpsee thronen (April–Sept. tgl. 9–18, im Winter 10 bis 16 Uhr).

Die 1547 auf alten Fundamenten errichtete Burg wurde 1832 bis 1838 im Auftrag Kronprinz Maximilians verändert und von Domenico Quaglio im Stil eines englischen »Castle« ausgebaut. Es handelt sich um eine quadratische Anlage mit vier Geschossen und Ecktürmen. Im Erdgeschoss eine Kapelle mit spätgotischem Flügelaltar, in den Obergeschossen die Wohnungen: im ersten die für Königin Marie (Mutter Ludwigs II.), im zweiten für Maximilian II. und Ludwig II. und im dritten die Prinzenwohnung. Fast alle Räume sind stuckiert, haben gotisch verzierte Decken und wurden mit Wandbildern nach Entwürfen Moritz von Schwinds ausgemalt. Daneben sind auch Biedermeiermöbel und orientalisches Inventar zu bewundern. Schöner Garten.

13 Füssen

8 Schloss Neuschwanstein***
○ Landschaft ○ Wandern ○ Freizeit ● Dauer
● Kultur ○ Radeln ● Kinder 1–2 Std.

Über mangelnde Wertschätzung kann sich diese Burg sicherlich nicht beklagen: »Märchenschloss«, Touristikziel Nr. 1 in Deutschland, berühmtestes Schloss der Welt – das sind nur einige der Prädikate. Wenn der Blick auf das Schloss fällt, begreift man, warum: Seine Lage hoch über der Pöllatschlucht ist geradezu atemberaubend, seine Erscheinung einfach traumhaft (April–Sept. tgl. 9–18, im Winter 10–16 Uhr). Es ist mit der Geschichte des Wagnerfreundes und »Märchenkönigs« Ludwig II. untrennbar verbunden!

Die deutsch-romanische Wartburg war vorbildhaft für diese mit Zinnen und Türmen, Palas, Sänger- und Thronsaal ausgestattete Gralsburg, die Ludwig II. von 1869 bis 1892 erbauen ließ. Als Architekten des neuromanischen Schlosses hatte er Eduard Riedel beauftragt. Erlebt hat der König die Fertigstellung nicht mehr, wiewohl er bereits ab 1884 die Burg zeitweise bewohnte und das Fortschreiten des Projektes verfolgte.

Das Märchenschloss Neuschwanstein hoch über der Pöllatschlucht, dahinter der Forggensee.

Allgäu

Von den fünf Geschossen des Hauptbaus sind allein das Erdgeschoss sowie das dritte und vierte Obergeschoss zugänglich. Die Räume dort sind Zeugnis vor allem für die Bewunderung, die der weltfremde König für die Opern- und Geisteswelt des Komponisten Richard Wagner hegte.

Im dritten Obergeschoss befindet sich ein prunkvoll gestalteter zweigeschossiger Thronsaal im byzantinischen Stil. Außerdem betritt man hier auch die Privatgemächer des Königs, unter anderem Speise-, Arbeits- Wohn- und Schlafzimmer mit vergoldetem Schnitzwerk und schönen Wandbildern, die Motive aus Sagen von Tannhäuser, Lohengrin und Tristan darstellen.

Im vierten Obergeschoss befindet sich der Große Sängersaal – nachempfunden dem Festsaal auf der Wartburg (Sängerwettstreit im »Tannhäuser«). Er wird von einer Kassettendecke überspannt und ist mit Wandgemälden, unter anderem zum Parzifal-Thema, geschmückt.

Die Burgen Neuschwanstein und Hohenschwangau auf einen Blick: ein schönes Bild am Südufer des Alpsees.

13 Füssen

9 Rund um den Alpsee*
● Landschaft ● Wandern ○ Freizeit ● Dauer
○ Kultur ○ Radeln ○ Kinder 1 Std.

Besonders empfehlenswert ist auch eine Wanderung rund um den Alpsee. Nicht nur, weil der von Waldhängen umgebene Bergsee sehr anmutig in die Berglandschaft eingebettet ist, sondern weil man an seinem Südufer auch wunderbare Ausblicke auf die beiden Königsschlösser Hohenschwangau und Neuschwanstein hat.

Der Uferweg ist rund 5 km lang, beginnt an der Alpseestraße in Hohenschwangau und führt auch wieder dorthin zurück.

10 Schlosswanderung*
○ Landschaft ● Wandern ○ Freizeit ● Dauer
● Kultur ○ Radeln ○ Kinder 1,5 Std.

Die Pöllatschlucht in schauerlicher Tiefe, gesehen von der Marienbrücke nahe Schloss Neuschwanstein.

Eine schöne Rundwanderung von etwa 6 km in Hohenschwangau zeichnet sich dadurch aus, dass sie die Hauptattraktionen des Königswinkels miteinander verbindet, nämlich die beiden Burgen Hohenschwangau und Neuschwanstein, die wildromantische Felsenge der Pöllatschlucht mit Wasserfall, die Marienbrücke mit ihrer Traumaussicht auf Schloss Neuschwanstein und den zauberhaft gelegenen Alpsee.

Ab Hohenschwangau geht es die Colomannstraße hinaus und dann auf dem Pöllatweg rechts hinter zur Gipsmühle. Nun folgt der Aufstieg durch die romantische Pöllatschlucht bis zum Schloss Neuschwanstein. Nach Besuch und Blick von der Marienbrücke etwa 400 m südlich laufen Sie ein kurzes Stück Richtung Schloss zurück, um dann links auf der Rodelbahn (Fuß- und Radweg) zum Alpsee hinunterzugehen. Ihn umrunden Sie im Uhrzeigersinn, treffen dann auf die Fürstenstraße und biegen dort zur Burg Hohenschwangau ab. Auf dem so genannten »Sommerweg« kommen Sie wieder nach Hohenschwangau zurück.

Oberbayern/Südwest

Einzelziele in der Region

14 Weilheim — 106
1. In Weilheim* — 106
2. Wandern im Moos* — 107
3. Pollinger Attraktionen* — 107
4. Wandern nach Berg* — 109
5. Kloster Wessobrunn* — 109
6. Durch den Eibenwald — 111

15 Schongau — 112
1. Stopp in Peißenberg* — 112
2. Auf dem Hohen Peißenberg* — 113
3. Vor den Toren Schongaus — 114
4. Rundgang in Schongau* — 115
5. St. Michael in Altenstadt** — 116

16 Pfaffenwinkel — 117
1. Der Pfaffenwinkel* — 117
2. Rottenbuch** — 117
3. Wandern bis Schönberg* — 118
4. Echelsbacher Brücke* — 118
5. Rund um Bad Bayersoien* — 119
6. Welfenmünster Steingaden** — 119
7. Die Wieskirche*** — 120
8. Wandern an der Wies* — 121
9. Schleierfälle, Scheibum* — 122

17 Staffelsee — 123
1. »Traumland« bei Habach** — 123
2. Aidlinger Höhe** — 123
3. Rundgang in Murnau* — 124
4. Murnauer Wanderungen** — 126
5. Uffinger Runde* — 128
6. Im Gestüt Schwaiganger* — 128

18 Oberammergau — 129
1. Zwischenstopp in Ettal** — 129
2. Schloss Linderhof** — 130
3. Durch das Weidmoos* — 131
4. In Oberammergau* — 131
5. Im Ammertal* — 132
6. In Unterammergau* — 133

Oberammergau

19 Loisachtal — 134
1. Wandern im Loisachtal** — 134
2. St. Anton am Berg* — 135
3. Auf dem Wank** — 136

20 Garmisch-Partenkirchen — 137
1. Garmisch-Partenkirchen*** — 137
2. In Garmisch* — 138
3. In Partenkirchen* — 139
4. Wandern nach Grainau** — 140
5. Auf dem Osterfelderkopf** — 140
6. Besuch am Riessersee* — 141
7. Düstere Felsengen** — 141
8. Um den Eibsee* — 142
9. Auf der Zugspitze*** — 143
10. Kramer-Plateau-Weg * — 144

Einzelziele in der Region

Ahornboden

21 Kochelsee — 145
1. Halt in Bichl* — 145
2. Kloster Benediktbeuern* — 146
3. Wandern im Loisachmoor* — 147
4. Am Kochelsee* — 148
5. Rundgang in Kochel* — 148
6. Walchensee-Kraftwerk* — 149
7. Freilichtmuseum »Auf der Glentleiten«* — 150
8. Der Prälatenweg* — 150

22 Mittenwald — 151
1. Durch Mittenwald* — 151
2. Zur Leutaschklamm* — 153
3. Auf dem Kranzberg* — 153
4. Westliche Karwendelspitze** — 153
5. Lauter- und Ferchensee* — 154
6. Auf Schloss Elmau — 154
7. Zum Schachenhaus** — 155
8. Von Wallgau zum Barmsee* — 155
9. Über die Mittenwalder Buckelwiesen** — 156
10. Radeln ins Karwendeltal** — 157

23 In der Eng — 158
1. Halt in Lenggries — 159
2. Zum Brauneck* — 159
3. Sylvenstein-Stausee* — 160
4. Rissbachtal und Großer Ahornboden — 161
5. Karwendel-Seitentäler* — 162
6. Radtour in die Eng** — 163
7. Zu den Eng-Almen* — 163

Hackensee

24 Jachenau — 164
1. Info Jachenau* — 164
2. Im Jachental* — 164
3. Bergwanderungen** — 166
4. Der Walchensee** — 167
5. Wandern am See* — 168
6. Radeln am Walchensee** — 168

25 Bad Tölz — 169
1. Zum Hackensee* — 169
2. Im Kloster Reutberg* — 169
3. Zum Kirchsee* — 170
4. Ins Elbacher Moos* — 170
5. Rundgang in Tölz* — 171
6. Tölzer Leonhardifahrt** — 172
7. Tölzer Spaziergänge* — 173
8. Tölzer Knabenchor* — 174
9. Zum Blomberg* — 174

Zugspitze

Oberbayern/Südwest

14 Weilheim

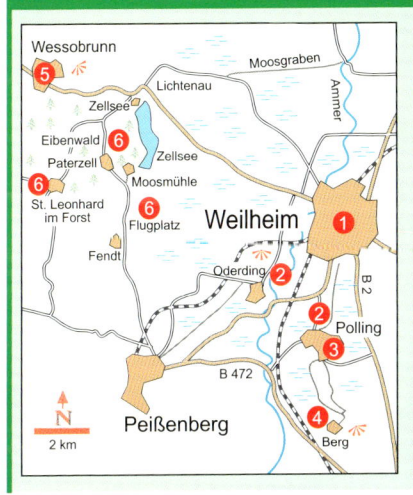

Weilheim ist von parkartigem Moorland umgeben und deshalb ein bevorzugtes Wandergebiet. Da die Stadt im Pfaffenwinkel liegt, kommen auch Kunstliebhaber auf ihre Kosten. Dies zunächst in Weilheim selbst, dann vor allem auch in Wessobrunn, dem Heimatort namhafter Barock- und Rokokokünstler und in Polling mit seiner schönen Klosterkirche im Rokokogewand. Hier die Freizeitziele zu Ihrer Auswahl:

ANFAHRT

A 95/A 952 bis Starnberg, dann auf der B 2 bis Weilheim

INFORMATION

Fremdenverkehrsverband Pfaffenwinkel in Schongau:
Tel. 088 61 / 77 73;

Weilheim:
Tel. 08 81 / 68 20

Polling:
Tel. 08 81 / 10 01

Wessobrunn:
Tel. 088 09 / 313

1 In Weilheim*

○ Landschaft ○ Wandern ○ Freizeit ● Dauer
● Kultur ○ Radeln ○ Kinder *1 Std.*

Im Jahr 1010 erstmals urkundlich genannt, wird Weilheim 1176 zum Markt und 1238 zur Stadt erhoben. In den folgenden Jahrhunderten ging der Ausbau der Stadt weiter und ab dem 16. Jh. erblühte sie gar zum künstlerischen Zentrum. Bekannte Bildhauer der »Weilheimer Schule« waren unter anderem Hans Degler, Franz Xaver Schmädl und Bartholomäus Steinle. Achten Sie beim Rundgang vor allem auf folgende Punkte:

Zentrum der **Altstadt,** die von Teilen der alten Stadtmauer (15. Jh.) umschlossen wird, ist der Marienplatz mit Mariensäule, Brunnen, Pfarrkirche und Altem Rathaus. In der Hofstraße steht das ehemalige herzogliche Pflegschloss, heute Finanzamt. Die Stadtpfarrkirche *Mariä Himmelfahrt** von 1631 wirkt sehr vornehm. Hervorzuheben sind der weiße Stuck

14 Weilheim

(Jörg Schmuzer) im Kontrast zum Gold der Altäre, der frühklassizistische Hochaltar (1792) mit Tabernakel, Engel und Rastaltar (Schmädl) sowie Werke unter anderem von Degler (Madonna), Johann und Elias Greither (Altarbilder), Martin Koller (Gemälde »Beweinung Christi«) und Steinle (Kruzifix und Schmerzhafte Muttergottes). Die Fresken von 1628 gelten als frühestes Beispiel barocker Kirchenausmalung in Oberbayern. Im Alten Rathaus zeigt das **Stadtmuseum** (Di–So 10–12 und 14–17 Uhr) eine bedeutende Sammlung von Schnitzwerken Weilheimer Künstler, daneben aber auch Bestände zur Früh- und Stadtgeschichte und zum örtlichen Handwerk.

2 Wandern im Moos*

○ Landschaft ● Wandern ○ Freizeit ● Dauer
○ Kultur   ○ Radeln   ○ Kinder   *je 2 Std.*

Eine stille Route mit weiten Blicken auf Moos und Alpenkette führt in Weilheim auf der Schützenstraße nach Westen hinaus über die Ammer. Wenig später folgt man links der Ziegler-/Parchetstraße, gelangt zu einer Eisenbahnunterführung und von dort auf schöner Strecke nach **Oderding.** Zurück steuert man zuerst das Ammer-Westufer an und hält sich dann entlang des Flusses (8 km).

Nicht minder reizvoll ist der Gang auf dem **Prälatenweg** nach Polling, von dort nach Westen hinüber zur Ammer und am Ostufer nach Weilheim zurück (etwa 9 km).

3 Pollinger Attraktionen*

○ Landschaft ○ Wandern ● Freizeit ● Dauer
● Kultur   ○ Radeln   ○ Kinder   *1–2 Std.*

Anziehungspunkt Nummer eins in Polling ist die **Kirche Hl. Kreuz,** einst Klosterkirche des Augustinerchorherrenstifts. Die spätgotische Kirche wurde im 17./18. Jh. umgestaltet und zählt zu den schönsten Rokokoschöpfungen Oberbayerns. Von der kostbaren Ausstattung sind neben dem Stuck an Decke und Wänden

Idyllisches Dorfbild in Polling: Die ehemalige Klosterkirche Hl. Kreuz, davor der Tiefenbach.

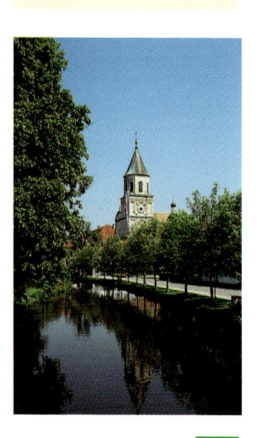

Oberbayern/Südwest

EMPFOHLENE KARTEN

Kompass Wanderkarte 1:50 000, Blatt 179 Pfaffenwinkel, Schongauer Land;

Top. Karte 1:50 000, Blatt Pfaffenwinkel, Staffelsee und Umgebung, Bayerisches Landesvermessungsamt München

Herrliche Fernblicke bietet die Anhöhe bei Berg, hier hinüber bis zur Bergkette westlich des Isartals.

(Georg Schmuzer) vor allem die prächtigen Altäre zu nennen und hier zuerst der bühnenartige Hochaltar von Johann Baptist Straub (1765) mit dem berühmten Tassilokreuz von 1180 als Gnadenbild. Bewundernswert auch Figuren und Holzreliefs der Bildhauerfürsten Straub und Schmädl sowie eine Thronende Muttergottes von Hans Leinberger und die reich verzierte Kanzel.

Der *Bibliotheksaal im Kloster ist ein weiterer Höhepunkt. Er entstand 1779 und dient heute als Konzertsaal. Die Fresken stammen von Johann Bader, der Stuck von Tassilo Zöpf (Wessobrunner Kreis).

Besuchsempfehlung Nummer drei gilt dem Pollinger *Heimatmuseum (So 9.30–12 Uhr) im ehemaligen Klosterseminar (Rathaus). Der Rundgang beginnt im prächtigen Refektoriumssaal (Fresken von Matthäus Günther, Stuck von Zöpf) und zeigt Sammlungen zur Geschichte und religiösen Kunst sowie von Hausratsgegenständen und Möbeln.

Die *»Alte Klosterwirtschaft« ist demgegenüber ein Höhepunkt bayerischer Wirtshauskultur. Der Biergarten ist sehr gemütlich, gut leben lässt es sich aber auch in den gepflegten Gasträumen.

14 Weilheim

4 Wandern nach Berg*
● Landschaft ● Wandern ○ Freizeit ● Dauer
○ Kultur ○ Radeln ○ Kinder 2 Std.

Als letzte der Pollinger Attraktionen eine schöne Wanderung durch Moosland zu einem großartigen Aussichtspunkt. Hinaus geht es auf der Probst Gerhoh-, Hofmark- und Untermühlstraße bis kurz vor Untermühle, dann rechts und nach einer S-Kurve links ab. Knapp 1 km weiter eine Gabelung, dort wieder links bis zu einer markanten Linkskurve. Hier führt rechts ein Sträßchen durch Wald nach Berg hoch. Wenn man dort die fantastische **Aussicht** auf Land und Berge genossen hat, geht es auf gleichem Weg wieder hinunter, am Quersträßchen aber jetzt rechts und 200 m danach links ab. So kommt man direkt nach Polling zurück (etwa 8 km).

5 Kloster Wessobrunn*
● Landschaft ○ Wandern ● Freizeit ● Dauer
● Kultur ○ Radeln ● Kinder 1 Std.

Seinen Ruf verdankt der Ort zuerst berühmten **Barockkünstlern,** die hier beheimatet waren. Namen wie Feichtmayr, Zimmermann, Schmuzer, Günther, Zöpf, Baader oder Übelhör begegnen uns bei kunstgeschichtlichen Streifzügen in Südbayern auf Schritt und Tritt. Blütezeit der Wessobrunner Schule waren das 17. und 18. Jh. Vom Glanz und Ruhm dieser Tage ist im heutigen Wessobrunn nicht mehr viel zu spüren, doch ein Besuch des sprach- und kunsthistorisch interessanten Ortes lohnt sich allemal.

Am Lindenplatz vor der Klostereinfahrt steht ein Gedenkstein, in den das **Wessobrunner Gebet** eingemeißelt wurde. Es ist um 800 wahrscheinlich in der Schreibschule des Klosters St. Emmeram in Regensburg entstanden und kam dann in den Besitz der Wessobrunner Klosterbibliothek. Dieses Gebet gilt als eines der ältesten deutschen Sprachzeugnisse christlichen Inhalts. Das Original bewahrt die Bayerische Staatsbibliothek auf.

EINKEHRMÖGLICHKEITEN

Weilheim:
Vollmann (So, S)
Gögerl (Di, B)
Allgäuer Hof (ohne, B)
Seestuben (ohne, B/T)

Polling:
Alte Klosterwirtschaft (Mo, B)

Wessobrunn:
Zur Post (ohne, T)

Paterzell:
Zum Eibenwald (ohne, B/T)

FREIBÄDER

Badeplätze am Dietlhofener See (2 km nördl. Weilheim) und Engelsrieder See (4 km westl. Wessobrunn)

»Mutter der schönen Liebe« – das viel verehrte Marienbild in der Pfarrkirche Wessobrunn.

Oberbayern/Südwest

Eine geschichtsträchtige Anlage: der Innenhof des Klosters Wessobrunn mit Barockkirche und altem Römerturm.

HITS FÜR KIDS

Weilheim:
Stadtmuseum
Wanderung nach Oderding
Ballonfahren (Tel. 08 81 / 47 30)
Reiten in Lichtenau (Koch, Tel. 088 09 / 275)

Polling:
Hl.-Kreuz-Kirche und Heimatmuseum
Aussichtspunkt in Berg
Reiten im Reitstall Hammerschmiede (Tel. 08 81 / 78 71) oder in Thalhausen 3 km südlich Polling (Tel. 088 02 / 88 71)

Wessobrunn:
Wessobrunner Gebet und Tassilolinde
Eibenwald-Lehrpfad
Rundflug ab Paterzell
Baden am Dietlhofener- oder Engelsrieder See

Gegenüber liegt der Gasthof **Zur Post,** dessen Saal im Obergeschoss eine prächtige Holzdecke ziert, die aus dem während der Säkularisation stark beschädigten Kloster stammt.

Im *Klosterhof finden sich Reste des ehemaligen Benediktinerklosters, nämlich drei Klosterflügel sowie der **Römerturm** oder Graue Herzog von 1250, einst Glockenturm der 1810 abgebrochenen alten Klosterkirche. Der *Südflügel des Klosters kann besichtigt werden, dort gibt es glanzvolle Beispiele der Wessobrunner Stuckschule zu bewundern, so im Treppenhaus, Gang und im prächtigen Tassilosaal (Führungen um 10, 15 und 16 Uhr; Info-Tel. 088 09 / 92 11-0 oder 12 52).

An der Nordseite des Hofes die Kirche *St. Johann Baptist,** 1759 von Joseph Schmuzer erbaut. Im hellen Innern gefallen die Deckenfresken (Baader), der sie umrahmende Stuck von Zöpf sowie die Altäre und die Kanzel (beides von Zöpf). Die lebensgroßen Altarskulpturen stammen von Schmädl. Herauszuheben sind auch das romanische Kreuz (1250) und das Gnadenbild »Mutter der schönen Liebe« am linken Seitenaltar. Es wurde 1706 von einem Benediktinermönch aus dem Regensburger Kloster Prüfening gemalt.

Das **historische Brunnenhaus** von Joseph Schmuzer hinter der Pfarrkirche steht an jener

Stelle, an der angeblich drei Quellen gefunden wurden, die dann zur Gründung des Klosters geführt haben sollen.

An der Südostecke der Klostermauer findet man die so genannte »**Tassilolinde**«. Sechs Einzelstämme mit einem Gesamtumfang von 13 m sind aus dem Urstamm gewachsen und bilden eine gemeinsame Krone. Das Alter des Baumes wird auf 700 Jahre geschätzt, der Legende nach ist er aber wesentlich älter. Denn schon 753 soll der Agilolfinger Herzog Tassilo während der Jagd sein Zelt darunter aufgeschlagen haben.

6 Durch den Eibenwald
- Landschaft
- Kultur
- Wandern
- Radeln
- Freizeit
- Kinder
- Dauer 30 Min.

Wer von Zellsee Richtung St. Leonhard im Forst fährt, kommt zum Eibenwald Paterzell, der mit seinen rund 2000 Exemplaren der größte zusammenhängende Eibenbestand Europas ist. Die bis zu 20 m hohen und mehrere hundert Jahre alten Eiben sind freilich stark vermischt mit Fichten, Buchen und Eschen und deshalb oft nicht sofort erkennbar. Das harte und doch elastische Holz der dunkel benadelten und giftigen Bäume war und ist sehr begehrt: einst bei Konstrukteuren von Schießbögen und Armbrüsten, später bei Kunstschreinern und Musikinstrumentbauern. Deshalb wurde der Wald 1939 unter Naturschutz gestellt. Inzwischen gibt es auch einen **Eiben-Pfad,** auf dem man Wissenswertes zur Eibe und zum Wald erfahren kann. Ausgangspunkt ist der Gasthof Eibenwald.

An dieser Stelle zwei Abstechertipps: In St. Leonhard im Forst ist die ***Pfarrkirche** (1735) mit guter Ausstattung, unter anderem von Wessobrunner Künstlern, sehenswert. Zum anderen liegt 1 km südlich von Paterzell ein Flugplatz, wo man zu ****Rundflügen** starten kann (Tel. 088 09 / 688). Die Kosten: 2 DM pro Flugminute und Person.

TOP EVENTS

Weilheim:
Traditionelles Volksfest Ende Mai/Anfang Juni
Bürgerfest im Juli
Weilheimer Bauernmarkt auf dem Marienplatz mehrmals im Jahr (Tel. 08 81 / 99 40)

Polling:
Konzerte im Bibliothekssaal des Klosters ganzjährig (Info über Kreisbote Tel. 08 81 / 686 56)
Pollinger Bauernmarkt vor der Kirche mehrmals im Jahr (Tel. 08 81 / 52 63)

Oberbayern/Südwest

15 Schongau

Das prächtige Panorama, das man vom Hohen Peißenberg aus genießt, und die romanische Basilika in Altenstadt sind die Höhepunkte dieses Ausflugs. Einen Besuch wert ist auch die Altstadt von Schongau, in der Gotik und Rokoko Spuren hinterlassen haben. Für Bewegung sorgt eine genußvolle Wanderung an der Amper. Hier die Freizeitziele zu Ihrer Auswahl:

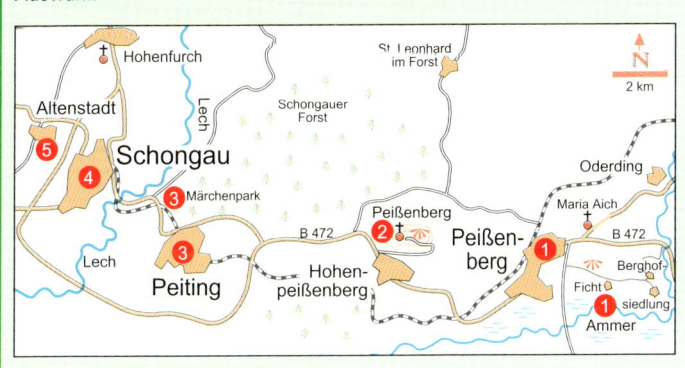

ANFAHRT

A 95/A 952 bis Starnberg, dann auf der B 2 nach Weilheim und weiter bis Peißenberg

INFORMATION

Fremdenverkehrsverband Pfaffenwinkel in Schongau:
Tel. 08861/77 3

Peißenberg:
Tel. 088 03/96 99

Stadt Schongau:
Tel. 088 61/72 16

1 Stopp in Peißenberg*

○ Landschaft ● Wandern ● Freizeit ● Dauer
● Kultur ○ Radeln ● Kinder 2–3 Std.

Mehrere Gründe sprechen für eine Fahrtunterbrechung in Peißenberg:

Die Wallfahrtskirche *Maria Aich* (Joseph Schmuzer, 1734) am Ostrand von Peißenberg wird meist achtlos passiert. Dabei verbirgt sich hinter den Mauern ein reich ausgestatteter Raum. Besondere Erwähnung verdienen die Deckengemälde von Matthäus Günther und der prunkvolle Hochaltar mit Gnadenbild und Figuren von Franz Xaver Schmädl (10 Min.).

Ammerwanderung: Eine der schönsten Wanderrouten der Gegend (etwa 10 km, 2,5 Std.) führt auf der Habergasse zu einer Anhöhe und oben links auf aussichtsreichem Höhen-

15 Schongau

weg mit Blick auf Ammertal und Berge über Ficht und Berghofsiedlung zur Ammer. Dort geht es 3 km am Ufer entlang nach Westen. An einer Hütte verlässt man das Ufer und kehrt auf Bad- und Grandelmoosstraße wieder nach Peißenberg zurück.

Der Freizeitpark *»**Rigi-Rutsch´n**« stellt eine ganze Pool-Landschaft mit Außenbecken bereit, dazu eine Riesenrutsche, viele Freizeiteinrichtungen und ein Restaurant – das ideale Ziel für Kinder!

Im **Bergbaumuseum** (Di 9–11, Mi/Do 14 bis 16, 1. und 3. So im Monat 14–16 Uhr) finden Führungen von etwa 90 Minuten Dauer statt. Gezeigt werden Werkzeuge, Schachtmodelle und Grubeneinrichtungen für den Pechkohleabbau. Anschließend wird man 200 m in einen ehemaligen Tiefstollen geführt.

2 Auf dem Hohen Peißenberg*

- Landschaft ○ Wandern ○ Freizeit ● Dauer
- Kultur   ○ Radeln   ● Kinder   *1 Std.*

Dieser wohl schönste Aussichtsberg im Alpenvorland ist 1000 m hoch und heißt im Volksmund auch »Bayerischer Rigi«. Phänomenal sein ** Panorama:** Es umfasst das Ammertal, die Hügelregion dahinter und rund 200 km Gebirgskette von den Allgäuer- bis zu den Chiemgauer Alpen. Nach Norden hin reicht der Blick bis Augsburg und über den Ammersee bis München. Auf der Terrasse des Gasthofs »Bayerischer Rigi« kann man dieses Landschaftsbild in Ruhe genießen.

Der Hohe Peißenberg ist aber auch kunstgeschichtlich interessant: Die Gnadenkapelle *St. Maria, 1514 im spätgotischen Stil erbaut und 1748 von Joseph Schmuzer zu einem Kleinod des bayerischen Rokoko umgestaltet, erweist sich als vornehmer Gebetsraum. Eindrucksvoll unter anderem ein spätgotisches Gnadenbild, die leuchtenden Fresken von M. Günther, der Stuck von Franz Xaver Schmuzer und die Altäre mit Schnitzarbeiten von Schmädl.

EMPFOHLENE KARTEN

Kompass Wanderkarte 1:50 000, Blatt 179 Pfaffenwinkel, Schongauer Land; Top. Karte 1:50 000, Blatt Pfaffenwinkel, Staffelsee und Umgebung, Bayerisches Landesvermessungsamt München

EINKEHRMÖGLICHKEITEN

Peißenberg:
Zur Post (Mo)
Bräustüberl (Di, B/T)

Hohenpeißenberg:
Bayer. Rigi (ohne, T)

Peiting:
Zum Buchberger (Di, B)
Keppeler (ohne, B)
Dragoner (ohne, T)

Schongau:
Blaue Traube (ohne, B)
Rößlebräu (Mi, B)
Alte Post (Sa–Mo, T)

Altenstadt:
Römerhof (Do)

FREIBÄDER

Freibäder in Peißenberg, Peiting, Schongau und Altenstadt

Oberbayern/Südwest

HITS FÜR KIDS

Peißenberg:
Freizeitpark Rigi-Rutsch´n und Bergbaumuseum Hoher Peißenberg
Kutschfahrt (Tel. 088 03 / 15 64 und 731)
Kart-Bahn mit Inline-Park und Kinderland an der Bergwerkstr. 14

Peiting:
Wellenfreibad
Bocciaspielen und Minigolf in Herzogsägmühle (3 km östlich Schongau)
Reiten (Tel. 088 61 / 55 93)

Schongau:
Märchen- und Tierpark vor der Stadt
Altstadt und Stadtmuseum
Hallen-Freibad
Ruderbootfahren auf dem Schongauer Lechsee
Reiten beim Reit- und Fahrverein (Tel. 088 61 / 48 28)
Mitflug, auf Wunsch im offenen Doppeldecker (Info-Tel. 088 61 / 39 29);

Altenstadt:
Besuch der Basilika
Baden im Freibad

Die Wallfahrtskirche ***Mariä Himmelfahrt** wurde 1616 an die Gnadenkapelle angefügt und vereint zwei Stile in sich: Der Bau repräsentiert die ausgehende Renaissance, sein Innenraum und der mächtige Hochaltar wurden ab 1717 barock überarbeitet. Sehenswert neben dem Altarwerk der Stuck, die Schnitzfiguren (unter anderem von Schmädl und Bartholomäus Steinle) sowie die Holzemporen aus Esche und Ahorn.

3 Vor den Toren Schongaus

○ Landschaft   ○ Wandern   ● Freizeit   ● Dauer
○ Kultur   ○ Radeln   ● Kinder   *1–2 Std.*

Auf der Fahrt nach Schongau kommt man durch Peiting, das vor allem wegen seines **Wellenfreibades** mit vielen Freizeiteinrichtungen einen Besuch lohnt.

Direkt vor Schongau liegt rechts im Wald ein **Märchen- und Tierpark.** Dazu gehören Tiergehege mit Hirschen, Schweinen, Schafen, Hasen und Ziegen. Außerdem, im Wald verstreut, kleine Hütten, die Szenen aus bekannten Grimm-Märchen zeigen. Auf Knopfdruck bewegen sich die Figuren und eine Stimme erzählt das Märchen. Neben einer Oldtimer-Eisenbahn ist auch eine Gaststätte vorhanden (1–2 Std.)

Der Hohe Peißenberg gilt als spektakulärster Aussichtspunkt des Alpenvorlandes, hier mit Blickrichtung Süd.

15 Schongau

Ein Ort, wo man sich gerne trifft: der Marienplatz in Schongau mit Marienbrunnen und Stadtpfarrkirche.

4 Rundgang in Schongau*

○ Landschaft ○ Wandern ○ Freizeit ● Dauer
● Kultur ○ Radeln ○ Kinder 1,5 Std.

Wirksamer Schutz und bessere Kontrolle des Lechübergangs waren Gründe, die im 13. Jh. zur Verlagerung der Siedlung von Altenstadt auf den Lechumlaufberg führten. Ab dem 15. Jh. erlangt Schongau als Umschlagplatz wirtschaftliche Bedeutung, lag es doch nun am Kreuzungspunkt der Straßen Augsburg–Verona und Reichenhall–Kempten (Salzstraße). Trotz Großbrandes und Kriegsfolgen konnte die Altstadt in Teilen bewahrt werden.

Am Marienplatz mit Marienbrunnen steht die Kirche ***Mariä Himmelfahrt** von 1753 (F. X. Schmuzer). Das Innere ist reich im Rokokostil ausgestattet. Achten Sie besonders auf die Deckenbilder von M. Günther, den Stuck von Dominikus Zimmermann, die stattliche Altaranlage zum Teil nach Entwurf Ignaz Günthers und mit Figuren von Hans Degler und Schmädl sowie auf die Kanzel. Am Marienplatz auch das ***Ballenhaus** von 1515, ein ehemaliges Lager- und Ratsgebäude mit schöner Ratsstube. Beachtenswert sind außerdem die mittelalterliche ***Stadtmauer** mit Wehrgang, drei Toranlagen (zum Beispiel Frauentor mit Muttergottesfigur) und vier Befestigungstürmen (unter anderem Polizeidienerturm als alter »Einlass«).

TOP EVENTS

Peißenberg:
Trachtenwallfahrt in Hohen-Peißenberg im September
Leonhardifahrt letzter Sonntag im Oktober
Bürgerfest im Juni

Peiting:
Bürgerfest Ende Juli/Anfang August
Wirtefest im Juni

Schongau:
Fronleichnamsprozession in der Altstadt
Traditionelles Volksfest im Juli/August
Historisches Festspiel »Hexenjagd zu Schongau« (Aufführungen 2000 noch ungewiss)

Oberbayern/Südwest

Das ehemalige herzogliche ***Schloss** (heute Landratsamt), im Kern spätgotisch, mit dem Maxtor als einstigem Hoftor. Im **Münzgebäude** (1771) wurde vom 14. bis 18. Jh. das Münzrecht ausgeübt (heute Polizei). Eine schöne gotische Balkendecke befindet sich im ehemaligen Steingadener **Richterhaus** von 1493. Das ***Stadtmuseum** (Di–So 10–12, 14–17 Uhr) präsentiert historische Bodenfunde, sakrale Bildwerke, Zeugnisse der Volksfrömmigkeit und – als Glanzstücke – den »Häringer Altar« aus der Werkstatt Ignaz Günthers sowie einen 2000 Jahre alten Münzschatz.

5 St. Michael in Altenstadt**

○ Landschaft ○ Wandern ○ Freizeit ● Dauer
● Kultur ○ Radeln ○ Kinder *30 Min.*

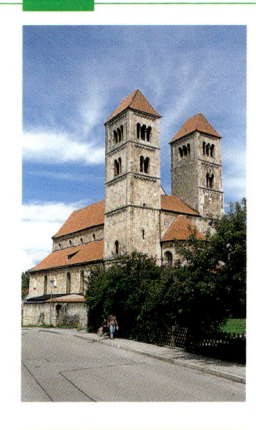

Ein kunstgeschichtlicher Leckerbissen: die romanische Basilika in Altenstadt mit Kruzifixus und bedeutenden Fresken.

Wie der Name Altenstadt schon verrät, war der Ort früher einmal das alte Schongau, bis im 13. Jh. auf dem Lechumlaufberg eine neue Siedlung entstand. Zu dieser Zeit war wohl die Kirche St. Michael schon fertiggestellt. Sie gilt heute als bedeutendste romanische Basilika in Süddeutschland.

Ihr Innenraum ist nahezu leer, wodurch die romanischen Linien und Formen besonders zum Tragen kommen. Im Altarraum auf halber Höhe ein 3 x 3 m großer Kruzifixus aus der Erbauungszeit um 1200, auch »Großer Gott von Altenstadt« genannt. Besonders ausdrucksstark seine Leidenshaltung und seine ergreifenden Gesichtszüge.

Beachtlich auch die Fresken der Kirche: Neben einem gotischen Gemälde im Chor und einem spätromanischen Bild im rechten Seitenschiff besitzt die Kirche seit 1993/94 eine neue Attraktion: Entdeckt wurde ein 8 m hoher Christophorus mit Jesusknabe (um 1200) an der Westinnenseite, der in Farbe und Form besondere Faszination ausstrahlt. Nicht minder wertvoll der romanische Taufstein, in Deutschland einer der bedeutendsten dieser Epoche sowie eine frühgotische Madonna um 1330.

16 Pfaffenwinkel

Pfaffenwinkel – das heißt vor allem bedeutende Kirchen und Klöster wie die »Wies« und die Stiftskirchen Rottenbuch und Steingaden. Hier die Freizeitziele zu Ihrer Auswahl:

1 Der Pfaffenwinkel*
- ● Landschaft ○ Wandern ○ Freizeit ○ Dauer
- ● Kultur ○ Radeln ○ Kinder

Der Pfaffenwinkel liegt im Südwesten Oberbayerns, wo er ein Gebiet etwa zwischen Lech und Loisach und den Klöstern Andechs und Ettal einnimmt. Feste Grenzen hat er nicht. Auch »Land der Bauern, Künstler und Mönche« genannt, geht sein Name darauf zurück, dass dort auf engem Raum überdurchschnittlich viele bedeutende Kirchen und Klöster stehen. Landschaftlich herrschen Hügelcharakter und die Farbe Grün vor. Markante Buckel wechseln sich mit sanften Wiesenhängen ab, dazwischen liegen dunkle Wälder und verträumte Hochmoore. Hintergrund sind die Trauchberge und das Ammergebirge

2 Rottenbuch**
- ○ Landschaft ○ Wandern ○ Freizeit ● Dauer
- ● Kultur ○ Radeln ○ Kinder *30 Min.*

Einer der schönsten Sakralbauten des Pfaffenwinkels gleich zu Beginn: Die Kirche des ehemaligen Augustinerchorherrenstifts Rotten-

ANFAHRT

A 95 bis nach Starnberg, dann auf der B 2 nach Weilheim, weiter auf der B 472 bis Peißenberg, dort über Böbing nach Rottenbuch

INFORMATION

Fremdenverkehrsverband Pfaffenwinkel in Schongau:
Tel. 08861/7773

Rottenbuch:
Tel. 088 67 / 14 64

Steingaden:
Tel. 088 62 / 200

Bad Bayersoien:
Tel. 088 45 / 18 90

Oberbayern/Südwest

EMPFOHLENE KARTEN

Kompass Wanderkarte 1:50 000, Blatt 179 Pfaffenwinkel, Schongauer Land;

Top. Karte 1:50 000, Blatt Pfaffenwinkel, Staffelsee und Umgebung, Bayerisches Landesvermessungsamt München

EINKEHRMÖGLICHKEITEN

Rottenbuch:
Moosbeck-Alm (Di, T)
Hubertusstuben (Do)
Café am Tor (Mi, T)

Schönberg:
Zur Linde (Mi, G)

Bad Bayersoien:
Weißes Roß (Do, T/B)

Steingaden:
Graf (Mo & Fr, B)
Zur Post (Di, B)

Wies:
Moser (Mi, S)
Schweiger (ab 18 h)

Morgenbach:
Mühlegger (Do, B)

buch. Sie wurde im 15. Jh. erbaut und 1737 bis 1746 von Joseph Schmuzer im Rokokostil ausgestattet und zwar in verschwenderischer Weise. Der lang gezogene festliche Innenraum ist an Decke und Wänden überaus reich stuckiert (Franz Xaver Schmuzer), was den Raumeindruck entscheidend prägt. Von Matthäus Günther stammen die Deckenfresken, von Franz Xaver Schmädl die Altäre und die elegante Kanzel. Besonders schön der vornehme sechssäulige Hochaltar. Beachtenswert auch die spätgotische Muttergottes (1483) von Erasmus Grasser auf dem Augustinusaltar, weitere qualitätsvolle Skulpturen, unter anderem von Bartholomäus Steinle, sowie die Orgel und eine Reihe von Bildtafeln und Grabsteinen.

3 Wandern bis Schönberg*

○ Landschaft ● Wandern ○ Freizeit ● Dauer
● Kultur ○ Radeln ○ Kinder 1–2 Std.

2 km südöstlich von Rottenbuch liegt dessen Ortsteil Schönberg so frei auf einer Höhe, dass sich dort großartige **Ausblicke** auf Hügelland und Alpenkette eröffnen. Zur Wanderung startet man am besten an der Ostseite der Echelsbacher Brücke Richtung Lettigenbichl (W 1, später W 2). Nach dem Weiler kann man an einem Wegedreieck links hoch nach Schönberg (zusammen etwa 5 km) oder rechts weitergehen und auf dem Panoramaweg (S 3) um das Breitfilz bis Schönberg wandern (etwa 8 km).

4 Echelsbacher Brücke*

○ Landschaft ○ Wandern ○ Freizeit ● Dauer
● Kultur ○ Radeln ○ Kinder 10 Min.

Freunde kühner Brückenkonstruktionen finden hier ein würdiges Studienobjekt. 1929 erbaut, legt sich der Eisenbetonbogen in 76 m Höhe mit 130 m Spannweite über die Ammerschlucht. Dies ist die längste Brücke des Brückenkonstrukteurs Melan. Ihre Gesamtlänge beträgt 185 m. Ein Abstieg zur Ammer ist an der Brücke nicht möglich.

16 Pfaffenwinkel

5 Rund um Bad Bayersoien*

○ Landschaft ● Wandern ○ Freizeit ● Dauer
○ Kultur ○ Radeln ○ Kinder 1–2 Std.

Die folgende Route ist relativ kurz (7 km) und besonders aussichtsreich! Der Weg führt ab Ortsmitte Bad Bayersoien am Süd- und Ostufer des Soiener Sees entlang, dann vor dem Badeplatz am Nordufer vom See weg zur Kirmesauer Straße und dort auf dem Schleifmühlweg in Nordwestrichtung hinaus. War alles richtig, kommt man nach Gschwendt und dreht dort nach Süden ab. Auf einem verkehrsarmen Teersträßchen geht es mit Prachtaussicht zurück.

6 Im Welfen-Münster von Steingaden**

○ Landschaft ○ Wandern ○ Freizeit ● Dauer
● Kultur ○ Radeln ○ Kinder 30 Min.

Die zweite Prachtkirche des Pfaffenwinkels heißt St. Johannes in Steingaden. Sie war einst Abteikirche des 1147 von Herzog Welf VI. gegründeten Prämonstratenserklosters und zählt zu den bedeutendsten romanischen Bauten im Alpenvorland. Besonderes Merkmal der Kirche: Sie enthält Elemente aller Kunstepochen, ohne an Harmonie einzubüßen. Romanisch sind unter anderem der Außenbau, der Kreuzgang mit Brunnenkapelle sowie das Westportal

Wie aus dem Bilderbuch: Der Biberschwöller See südlich Steingaden, dahinter die Allgäuer Alpen.

FREIBÄDER

Badeplätze am Schwaigsee (3 km südlich Rottenbuch), am Bismarckweiher (1 km nördlich Steingaden) und am Soiener See

Oberbayern/Südwest

in der Vorhalle. Spätgotisch ist die Vorhalle (1491) mit ihren Fresken. Das fein gearbeitete Chorgestühl (1534) stammt aus der Renaissance. Im Übrigen dominieren die Stilarten des Barock: Frühbarock (1663) ist der streng vornehme Chor mit dem Hochaltar und den beiden Seitenaltären, spätbarock beziehungsweise Rokoko das Langhaus. Dort ragen vor allem die farbschönen Deckenfresken von Johann Georg Bergmüller (1744), der elegante Stuck von F. X. Schmuzer, die prachtvolle Kanzel mit Gnadenstuhl von Anton Sturm und der herrliche Orgelprospekt heraus. Aufmerksamkeit verdienen auch zwei Welfendenkmäler in Blei von Johann Baptist Straub.

7 Die Wieskirche***

| ○ Landschaft | ○ Wandern | ○ Freizeit | ● Dauer |
| ● Kultur | ○ Radeln | ○ Kinder | 1 Std. |

Eine Steigerung zu Rottenbuch und Steingaden erfährt die Sakralkunst noch in der Wieskirche. Die von Dominikus Zimmermann 1743 bis 1754 erbaute Wallfahrtskirche zum Gegeißelten Heiland ist ein Rokokoraum von einzigartiger Schönheit. Auffallend die Prachtentfaltung und der ungestörte Zusammenklang von Farbe, Form und Licht.

Eine der berühmtesten Kirchen des Abendlandes: die Wieskirche im Herzen des Pfaffenwinkels.

16 Pfaffenwinkel

Von der Ausstattung können hier nur die wichtigsten Teile genannt werden: Dazu zählen unter anderem die prächtigen Deckenfresken mit wunderbarer weiß-goldener Stuckumrahmung von Johann Baptist Zimmermann – dem Bruder des berühmten Wessobrunner Baumeisters –, der glanzvolle, tiefgestaffelte Hochaltar mit Schnitzfiguren und dem Gnadenbild »Geißelter Heiland« sowie die dekorative Kanzel mit gegenüberliegender Abtsloge. Nicht zu vergessen die Seitenaltäre, der Orgelprospekt und die vier großen Figuren der Kirchenväter an den Pfeilern von A. Sturm aus Füssen. Insgesamt ist die Wies ein ungemein festlicher Raum, dessen Ausstrahlung sich kein Besucher entziehen kann.

Wer sich eingehender mit Ursprung und Entwicklung der Wallfahrt zur Wies befassen möchte, kann das **Wallfahrtsmuseum** im Priesterhaus der Wieskirche besuchen, allerdings nur nach vorhergehender Absprache (Tel. 088 62 / 501). Neben Wallfahrtsgeschichte kann man hier Wallfahrtszeugnisse studieren, so unter anderem Ablassbestätigungen, Gebetszettel, Andachtsbilder und Medaillen, aber auch verschiedene figürliche und bildliche Darstellungen des Wies-Heilands.

8 Wandern an der Wies*
○ Landschaft ● Wandern ○ Freizeit ●Dauer
○ Kultur ○ Radeln ○ Kinder *2 Std.*

Spätestens nach dem Rokokowunder Wies benötigt man eine »Kulturpause«, um die Eindrücke verarbeiten zu können. Gelegenheit dazu bietet ein schöner Spaziergang, der von der Wies ausgeht, zunächst nach Süden zum Lindegger See und von dort hinüber nach Hiebeler und Kreisten weiterführt. Dann geht es nach Süden über Kreuzberg zum Fronreitner See und weiter über Resle zurück zur Wies. So legt man 9 km zurück und erhält dabei wunderschöne Einblicke in die Landschaft des Pfaffenwinkel.

HITS FÜR KIDS

Rottenbuch:
Gang über die Echelsbacher Brücke
Bocciaspielen bei der Moosbeckalm
Kutschfahrt (Tel. 088 67 / 777)
Ponyreiten (Tel. 088 67 / 529)

Steingaden:
Besuch der Wieskirche
Kutschfahrten in Steingaden (Tel. 088 62 / 60 11) und in Wies (Tel. 088 62 / 62 66 und 515)
Baden am Bismarckweiher

Bad Bayersoien:
Baden oder Ruderbootfahren am Soiener See
Schleierfälle und Ammerdurchbruch 2 km südlich von Bad Bayersoien
Kutschfahrt (Info-Tel. 088 45 / 18 90)
Gang über den Moor- und Seelehrpfad rund um den Soiener See

Wildsteig:
Reiten im Island-Pferdegestüt (Tel. 088 67 / 403)

Oberbayern/Südwest

TOP EVENTS

Rottenbuch:
Größter Kaltblut-Fohlenmarkt Deutschlands mit Zeltbetrieb im September
Leonhardiritt Anfang November
Bürgerfest im September

Steingaden:
Ulrichsritt am Sonntag nach dem 4. Juli
Festlicher Sommer in der Wies (Konzertreihe, Vorverkauf Tel 088 61 / 72 16)

Wildsteig:
Leonhardiritt im Oktober

9 Schleierfälle und Scheibum*

● Landschaft ○ Wandern ○ Freizeit ● Dauer
○ Kultur   ○ Radeln   ● Kinder   je 1 Std.

Hier dreht es sich um zwei Natursehenswürdigkeiten besonderer Art, die im Naturschutzgebiet Ammerleite, 3 km westlich von Saulgrub, zu finden sind: Ein Gang zu den *Schleierfällen setzt trockenes Wetter und festes Schuhwerk voraus. Startpunkt ist der Weiler Hargenwies, 3 km südlich von Bad Bayersoien. Der ausgeschilderte Weg führt zunächst etwa 600 m hinüber zum Ammerhochufer, dann gut fünf Minuten steil hinunter zur Ammer und nochmals ein paar Minuten am Ufer entlang. Dann stehen Sie vor den Schleierfällen, die in warmen Sommermonaten freilich nur spärlich fließen. Über einem moosbewachsenen Kalkvorsprung stürzt das Wasser fein aufgefächert wie ein Schleier herunter.

1,5 km weiter südlich stößt man im Ammertal auf die *Scheibum, eine Felsenge aus rotem Gestein, durch die sich die Ammer ihren Weg bahnt: im Sommer eher gemäßigt, nach starken Regenfällen oder zur Schneeschmelze wesentlich kraft- und eindrucksvoller. Bester Zugang ist vom E-Werk Kammerl her, das von Saulgrub über Achele mit dem Auto erreichbar ist. Von dort geht man noch fünf Minuten bis zur Engstelle. Wenn Sie über die Felsen hinweg weiter in die Schlucht vordringen wollen, gerät das Ganze zu einer kleinen Kletterpartie.

Scheibum – der Felsdurchbruch der Ammer westlich Saulgrub, spektakulär vor allem bei hohem Wasserstand.

17 Staffelsee

Der Staffelsee ist zwar nur der achtgrößte, dafür aber der inselreichste See Bayerns. Reich ist seine nähere Umgebung auch an landschaftlichen Höhepunkten, die man auf schönen, wenig anstrengenden Wanderungen und Radtouren erkunden kann. Kunstinteressierte zieht es in die Stadt Murnau, den Treffpunkt des »Blauen Reiters«. Hier die Freizeitziele zu Ihrer Auswahl:

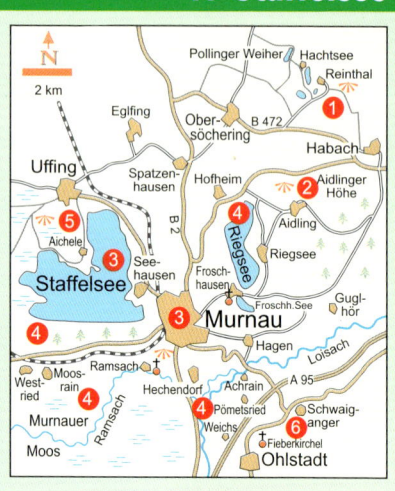

1 »Traumland« bei Habach**
- Landschaft ● Wandern ○ Freizeit ● Dauer
- Kultur ○ Radeln ○ Kinder *1 Std.*

Nordwestlich von Habach liegt eine ungemein reizvolle Gegend, die sich wie ein Park ausnimmt und zudem herrliche Bergsicht bietet. Gute Voraussetzungen also für genussvolles Wandern. Unter diversen Routen führt eine der schönsten vom Weiler Reinthal (3 km nordwestlich von Habach) nach Südwesten, biegt 300 m vor der B 472 rechts und nach gut 1 km erneut rechts ab und läuft auf den Pollinger Weiher zu. Von dort geht es über das Gestüt Hachtsee nach Reinthal zurück (etwa 5 km).

2 Aidlinger Höhe**
- Landschaft ○ Wandern ○ Freizeit ● Dauer
- Kultur ○ Radeln ● Kinder *1 Std.*

Wenn Sie am Ostrand von Aidling (2 km nordöstlich Riegsee) auf der Lichtenegg-Straße etwa 700 m nach oben gehen, erreichen Sie einen

ANFAHRT

A 95 bis Sindelsdorf, dann auf der B 472 bis Habach

INFORMATION

Riegsee:
Tel. 08841/3985

Murnau:
Tel. 08841/6141-11

Uffing:
Tel. 08846/9202-13

Oberbayern/Südwest

Baden, Bootfahren oder Surfen, dazu Blick auf das Wettersteingebirge – der Staffelsee macht's möglich.

nur wenig markanten, aber dennoch begeisternden Aussichtspunkt: die Aidlinger Höhe (790 m). Im Blick unter anderem Staffel- und Riegsee, das Loisachtal und natürlich das Gebirge, so unter anderem Wetterstein mit Zugspitze sowie das Karwendelmassiv.

3 Rundgang in Murnau*

● Landschaft   ○ Wandern   ○ Freizeit   ● Dauer
● Kultur   ○ Radeln   ○ Kinder   1 Std.

Vor allem seine Lage an der Handelsstraße München–Innsbruck war es, die Murnau schon im Mittelalter begünstigt hat. 1322 erhielt es das Marktrecht und gehörte bis 1803 zum Kloster Ettal.

Das *Ortsbild am klassizistisch geprägten Ober- und Untermarkt ist Ergebnis einer Neugestaltung durch Emanuel von Seidl 1906 bis 1910. Als **Kunststätte** macht sich Murnau ab dem 17. Jh. einen Namen durch Hinterglasmalerei und als Aufenthaltsort von Künstlerkreisen. Der bekannteste war der »**Blaue Reiter**« (um 1910), eine Gruppe von Malern, zu der unter anderem Wassily Kandinsky, Franz Marc und Gabriele Münter gehörten.

Sehenswert ist die *Nikolauskirche. Der festlich gestaltete Rokokoraum enthält unter anderem ein großes Kuppelfresko, Stuck von Johann Baptist Zimmermann und eine reprä-

17 Staffelsee

sentative Altaranlage, an der Johann Baader (Altarbild) sowie die Bildhauer Johann Baptist Straub und Franz Xaver Schmädl mitgewirkt haben. Schön anzusehen ist auch die Kanzel in Weiß-Gold.

Im Schloss aus dem 14. Jh. befindet sich das ***Schlossmusem** (Di–So 10–17 Uhr) mit einer Ausstellung, in der zahlreiche Hinterglasbilder aus Europa und Asien gegenübergestellt werden. Zu sehen sind zudem Bilder des »Blauen Reiters«, vor allem der Malerin Gabriele Münter. Das **Münterhaus** (Kottmüllerallee), auch »Russenhaus« genannt, war 1909 bis 1914 im Sommer von Gabriele Münter und Wassiliy Kandinsky bewohnt und damals ein Künstlertreff ersten Ranges. Entstanden sind dort auch berühmte Werke des »Blauen Reiters«. Nach längerer Renovierung ist es nun wieder zugänglich (Di–So 14–17 Uhr). Als Stätte der Erinnerung zeigt es, wie das Haus und seine Räume zur damaligen Zeit ausgesehen haben.

Untrennbar mit Murnau verbunden ist auch der ***Staffelsee.** Er hat eine Fläche von 7 km^2 (achtgrößter bayerischer See), ist aber mit sieben Inseln der inselreichste. 20 km Umfang misst er, ist bis zu 40 m tief und zählt zu den beliebtesten Freizeitseen des Vorlandes. Das Feuchtwiesenland im westlichen Uferbereich steht unter Naturschutz.

EMPFOHLENE KARTEN

Kompass Wanderkarte 1 : 50 000, Blatt 7 Murnau-Kochel, Staffelsee;

Top. Karte 1 : 50 000, Blatt Pfaffenwinkel, Staffelsee und Umgebung, Bayerisches Landesvermessungsamt München

EINKEHRMÖGLICHKEITEN

Habach:
Obermühle (Mi, Do ganztägig; Mo, Di & Fr 14–17 Uhr, B)

Murnau:
Griesbräu (Do)
Alter Wirt (Di)

Ramsach:
Ähndl (Do, B)

Seehausen:
Fischerstüberl (Di, T)
Stern (Mi, B)

Uffing:
Alpenblick
(Mo ab 14 h, Di, T)

Schwaiganger:
Herzogin Anna (Sa, B).

Einst Treff hochrangiger Künstler des »Blauen Reiters«, heute Museum: das Münterhaus in Murnau.

Oberbayern/Südwest

FREIBÄDER

Strandbäder und Badeplätze am Riegsee, Froschhauser See, Staffelsee (Strandbäder in Murnau, Seehausen und Uffing) und Koppenbergweiher bei Habach

4 Murnauer Wanderungen**

● Landschaft ● Wandern ○ Freizeit ● Dauer
○ Kultur ○ Radeln ○ Kinder *1–3 Std.*

Da sowohl Staffel- und Riegsee als auch das Murnauer Moos bis an Murnau heranreichen, bieten sich in dieser Region reizvolle Wandermöglichkeiten, oft mit Alpensicht. Hier einige beliebte Routen aus einer Karte 1:25 000 des Verkehrsamtes Murnau:

(1) Der **Staffelsee-Rundweg** läuft am Süd- und Westufer (Aussicht!) des Sees entlang, dann über Aichele nach Uffing und von dort wieder mit herrlichen Alpenblicken unter anderem auf Wetterstein und Zugspitze über Rieden zurück. Bei 22 km Länge ist er aber mehr als Radtour (2 Std.) zu empfehlen.

(5) Der **Moos-Rundweg** (12 km, 3 Std.) startet in Ramsach am »Aehndl«-Kirchlein. Er führt entlang der Ramsach mit stellenweise wunderbarer Aussicht auf Land und Berge mitten ins Murnauer Moos, zieht sich dann nach Norden durch das bewaldete Langer Filz bis Westried und läuft nun mit erneuter Prachtaussicht über Moosrain nach Ramsach zurück.

(6) Der **Schwaiganger-Rundweg** (12 km, 3 Std.) beginnt am Nordostrand von Hechendorf, steuert zunächst die Loisach und dann bei großartiger Gebirgssicht den Weiler Weichs

Eine tolle Gegend zum Wandern oder Radeln: der Riegsee vor der Kulisse des Wettersteingebirges.

17 Staffelsee

Fronleichnam auf dem Staffelsee bei Seehausen: die malerische Seeprozession ist einmalig in Bayern.

an, um dann über das Fieberkirchel das **Gestüt Schwaiganger** (siehe dort) zu erreichen. Der Rückweg verläuft mit örtlich hinreißender Bergsicht über Pömetsried zunächst nach Achrain. Dann muss man leider ein paar hundert Meter auf der stark befahrenen Zufahrtsstraße nach Murnau gehen (Vorsicht, kein Fußgängerweg!), bevor die Route wieder links abbiegt und mit Alpenblick nach Hechendorf zurückführt.

(9) Der **Riegsee-Rundweg** (8 km, 2 Std.) umrundet ab Froschhausen im Uhrzeigersinn den Riegsee, verbunden mit örtlich prachtvoller Sicht auf See und Gebirgskette. Kulturelle Zugabe ist die Wallfahrtskirche *St. Leonhard (1631) in Froschhausen – falls zugänglich. Ihre Ausstattung gilt als hochwertig, denn sie enthält schönen Rahmenstuck, Fresken von 1640 sowie Altäre und Kanzel in feinster Spätrokokoform. Der Stolz des Dorfes **Hofheim,** das ebenfalls an der Strecke liegt, ist die vom Weilheimer Bildhauer Hans Degler geschaffene wunderbare *Mondsichelmadonna** in der kleinen Kirche.

Reizvoll sind aber auch zwei kürzere Wanderungen von je rund 4 km (je 1 Std.):

*Nach Seehausen:** Ab Strandbad Murnau geht es auf Seestraße, Burgweg und einem Uferweg (Seeblicke!) nach Seehausen hinüber. Vorbei am Strandbad kommen Sie auf der Dorfstraße zur *Michaelskirche** von 1775, die

HITS FÜR KIDS

Strandbäder und Badeplätze an den genannten Seen

Aidling:
Aussichtspunkt Aidlinger Höhe

Murnau:
Schlossmuseum
Ruderbootfahren
Minigolf auf der Ludwigshöhe (Kohlgruber Str. 26) oder am See
Kutschfahrt in Murnau (Tel. 088 41 / 613 10 oder 33 18 oder 22 69)

Schwaiganger:
Staatsgestüt
Reiten in Schlehdorf (Tel. 088 51 / 493) oder in Großweil (Tel. 088 51 / 492)

Uffing:
Ruderbootfahren am Strandbad Alpenblick

Ohlstadt:
Schlauchbootfahrt auf der Loisach (Info-Tel. 088 41 / 77 51)
Reittour (2 Std. oder 1 Tag) oder Kinder-Reitstunde mit Haflingerpferden (Tel. 088 41 / 71 14)

Oberbayern/Südwest

TOP EVENTS

Murnau:
Fronleichnamsprozession Leonhardiritt am 6. November

Seehausen:
Seeprozession zu Fronleichnam, einzige Seeprozession in Bayern

Uffing:
Großes Seefest mit Feuerwerk Ende Juli/Anfang August

neben leuchtenden Fresken einen schönen Hochaltar mit Schnitzfiguren und Tafelbild besitzt. Wieder zurück führt die Route gegenüber der Kirche Am Graswegerer nach Osten, dann Auf der Schuchen zur Bahnunterführung und diesseits weiter auf dem Seeblickweg.

*Nach Ramsach: Diese schöne Route führt vom Kurgästehaus über Parkweg, Hochanger und Kottmüllerallee auf einer gut 100 Jahre alten Eichenallee hinaus an den Nordhang des Murnauer Mooses und mit herrlicher ****Aussicht** weiter nach Ramsach. Dort steht auf romanischer Grundlage das stimmungsvolle alte »Aehndl«-Kirchlein, das neben Deckenfresken mit einem liebreizenden kleinen Choraltar, einer bemalten Holzkanzel und schönen Schnitzfiguren ausgeschmückt ist. Zurück wird der gleiche Weg empfohlen.

5 Uffinger Runde*
○ Landschaft ● Wandern ○ Freizeit ● Dauer
○ Kultur ○ Radeln ○ Kinder 2 Std.

Ab Ortsmitte geht es über die Ach und gleich links auf die Harberger Straße. Es folgt erneut eine Gabelung, hier links dem Schild »Seerundweg« nach. 800 m weiter biegt man links ab und gelangt bei herrlicher Sicht zum Seeufer. Dort entlang bis Aichele, dann zum Uffinger Strandbad und auf dem Birkenweg nach Uffing zurück (etwa 8 km, 2 Std.).

6 Im Gestüt Schwaiganger*
○ Landschaft ○ Wandern ● Freizeit ○ Dauer
○ Kultur ○ Radeln ● Kinder

In diesem mehr als 1000 Jahre alten Staatsgut Schwaiganger (5 km südöstlich von Murnau) leben 400 Pferde – Kalt- und Warmblüter sowie Haflinger. Alljährlich im September findet eine Gestütsparade statt mit interessanten Vorführungen, von Springen und Dressur bis hin zu Pferdefußball (Führungen durch das Gestüt Mai–Okt. Di, Mi, Do 13.30 und 15 Uhr; Info-Tel. 088 41/61 36-0).

18 Oberammergau

Das Ansehen dieses Alpendorfes und der Region im oberen Ammertal liegt im Zusammenspiel von Landschaft, Kunst, Tradition und bayerischer Lebensweise begründet. Hier die Freizeitziele zu Ihrer Auswahl:

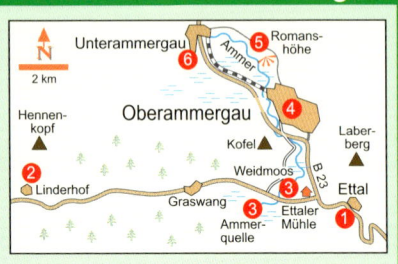

1 Zwischenstopp in Ettal**

○ Landschaft ○ Wandern ○ Freizeit ● Dauer
● Kultur ○ Radeln ○ Kinder *30 Min.*

Auf der Fahrt von Oberau ins Ammertal kommt man durch Ettal, wo eine der schönsten Barockkirchen Bayerns steht: die **Klosterkirche St. Maria.** Kaiser Ludwig der Bayer stiftete das Kloster 1330 aus Dank für die glückliche Heimkehr seines Heeres aus Italien und übergab dabei ein marmornes Marienbild, das später Ziel einer Wallfahrt wurde.

Kloster und Kirche wurden im 18. Jh. im Stil des römischen Barock neu errichtet. Federführend bei der Planung war der aus Graubünden stammende Enrico Zucalli, der sich als Baumeister der Münchner Theatinerkirche bereits großen Ruhm erworben hatte. Nach einem Brand im Jahr 1744 übernahm Joseph Schmuzer die Bauleitung.

Kern der heutigen Kirche ist ein hoher 12-eckiger Zentralraum mit prächtiger Rokokoausstattung. Die Hauptwirkung geht vom riesigen Kuppelfresko (Johann Jakob Zeiller) sowie von der weiß-goldenen Stuckierung (Johann Georg Übelher und Franz Xaver Schmuzer) aus. Rokokoaltäre und Kanzel stammen von Johann Baptist Straub. Im Chorraum steht der klassizistische Hochaltar, ein Entwurf Ignaz Günthers, mit dem Gnadenbild im Zentrum.

ANFAHRT

A 95 und B 2 bis Oberau, dann auf der B 23 bis Ettal

INFORMATION

Ettal:
Tel. 08822/3534

Linderhof:
Tel. 08822/512

Oberammergau:
Tel. 08822/9231-0

Unterammergau:
Tel. 08822/6400

EMPFOHLENE KARTEN

Kompass Wanderkarte 1:50000, Blatt 6 Walchensee, Wallgau-Krün;

Top. Karte 1:50000, Blatt Karwendelgebirge, Werdenfelser Land, Bayerisches Landesvermessungsamt München

Oberbayern/Südwest

Prunkschloss in herber Bergwelt: Linderhof mit Park und Brunnen am Fuße der Ammergauer Alpen.

EINKEHRMÖGLICHKEITEN

Ettal:
Blaue Gams (ohne, T)
Ettaler Mühle (Mi, G)

Linderhof:
Schlosshotel (ohne, T)

Graswang:
Gröbl-Alm (Di, T)

Oberammergau:
Alte Post (ohne, S)
Böld (ohne, T/G)
Romanshöhe (Mo, T)

Unterammergau:
Zum Stern (ohne, S)
Zur Sonne (Mi, S)

2 Schloss Linderhof**

○ Landschaft ○ Wandern ○ Freizeit ● Dauer
● Kultur ○ Radeln ● Kinder *2 Std.*

Ein guter Rat vorab: Fahren Sie möglichst nicht in der Ferien- bzw. Urlaubszeit nach Linderhof, denn das Schloss ist eine der meistbesuchten Sehenswürdigkeiten ganz Bayerns. Die bis 1878 für den Bayernkönig Ludwig II. errichtete Anlage ist sehr reizvoll in die herbe Berglandschaft des Graswangtals eingebettet.

Im Obergeschoss des Hauptschlosses befinden sich prunkvoll ausgestattete Räume, wie Salons und Kabinette, Gobelinzimmer, der aufwendige Spiegelsaal und das prächtige Schlafzimmer (Führungen April–Sept. tgl. 9–18, im Winter 10–16 Uhr).

Den großen **Park** mit Terrassen, Kaskaden und Figurenschmuck am Hauptschloss hat Carl von Effner angelegt. Im Park stehen auch die Venusgrotte, eine künstliche Höhle mit Teich, Bühne und trickreicher Beleuchtung. Außerdem die Hundinghütte, das Marokkanische Haus sowie ein maurischer Kiosk unter anderem mit einem Pfauenthron (tgl. Führungen von etwa 1 Std. Dauer). Schloss Linderhof ist übrigens das einzige der Märchenschlösser, dessen Vollendung der König erlebte.

18 Oberammergau

3 Durch das Weidmoos*
● Landschaft ○ Wandern ○ Freizeit ● Dauer
○ Kultur ○ Radeln ● Kinder *1 Std.*

Dieses Fleckchen Erde nahe der Ettaler Mühle wird meist achtlos passiert, entpuppt sich aber bei genauerem Hinsehen als naturkundliche Kostbarkeit. Dort blühen nämlich das ganze Jahr über Blumen, die anderenorts rar geworden oder gar verschwunden sind. Zu ihnen zählen das Schneeglöckchen, der Frühlingsenzian, die Sibirische Schwertlilie, das König-Karls-Zepter und andere.

Der Rundweg beginnt ab Ettaler Mühle und öffnet schöne Ausblicke auf Ester- und Ammergebirge. Nur gut 1 km westlich vom Weidmoos sprudeln zwei **Quellen,** an denen die Ammer ihren Ausgang nimmt, um nach einer Reise von rund 70 km in den Ammersee zu münden.

4 In Oberammergau*
○ Landschaft ○ Wandern ○ Freizeit ● Dauer
● Kultur ○ Radeln ○ Kinder *2 Std.*

Kaum ein anderer Ort im Alpenvorland hat einen so klangvollen Namen wie Oberammergau. Der Luftkurort am Fuße der Ammergauer Berge, Geburtsort des Dichterfürsten Ludwig Thoma, kann aber auch echte Attraktionen vorweisen:

Weltbekannt sind die ****Passionsspiele,** die auf ein Gelöbnis im Pestjahr 1633 zurückgehen und alle zehn Jahre von einheimischen Laienspielern aufgeführt werden. Die nächsten finden im Jahr 2000 statt. Nicht minder berühmt ist das Oberammergauer Handwerk der **Herrgottschnitzer.** Es lässt sich bis ins 16. Jh. zurückverfolgen und bestimmt noch heute mit zahlreichen Läden die Einkaufsszene des Ortes.

Das alpenländische ****Ortsbild,** eines der schönsten in Oberbayern, zeigt sich mit idyllischen Gassen und Winkeln und mit reizvoll bemalten Häuserfassaden. Typische Beispiele

---

FREIBÄDER

WellenBerg in Oberammergau
Freibad in Ettal

HITS FÜR KIDS

Ettal:
Besuch in der Klosterkirche
Gang durch das Weidmoos und zu den Ammerquellen

Linderhof:
Schloss und Schlosspark

Oberammergau:
Heimatmuseum (Krippen- und Spielzeugsammlung)
Baden im Erlebnisbad WellenBerg
Besuch im Reptilienzoo (Lüftlmalereck 5, April–Okt. tgl. 10–18, im Winter Sa–Mi 10–17 Uhr)
Wandern über die Romanshöhe
Kutschfahrt (Tel. 08822/ 7321)
Besuch einer Werkstatt, in der man Schnitzern, Krippenbauern und Fassmalern bei der Arbeit zuschauen kann (Tel. 08822/ 9231-14)
Minigolf an der Ettaler Straße (südl. Ortsrand)
Ponyreiten (Tel. 08822/ 3972)
Erlebniswanderung für Familien (Mi 10 Uhr, 2000 wegen der Passionsspiele fraglich)

Unterammergau:
Sommerrodeln
Gang durch das naturgeschützte Pulvermoos (südl. von Unterammergau)

Oberbayern/Südwest

Bekanntestes Beispiel Oberammergauer Lüftlmalereien: das Pilatushaus von Franz Zwinck.

solcher »Lüftlmalereien« sind das Pilatus- und Geroldhaus von Franz Zwinck und das Geburtshaus Ludwig Thomas.

Ein Schmuckstück ist die von Josef Schmuzer erbaute Kirche *St. Peter und Paul aus dem Jahr 1742. Sie enthält außergewöhnlich schöne und figurenreiche Altäre nach Plan von Franz Xaver Schmädl, der auch Skulpturen beigetragen hat. Einige Altargemälde und die Deckenfresken stammen von Matthäus Günther. Den zarten Stuck auf rosa Grund haben Schmuzer und sein Sohn geschaffen. Dieser festlich helle Raum erfreut jeden Besucher!

Sehr lohnend ist ein Besuch des *Heimatmuseums (Mai–Okt. Di–So 14–18, im Winter nur Sa 14–18 Uhr). Im Mittelpunkt stehen das Schnitzhandwerk mit rund 5000 Exponaten, außerdem eine der bedeutendsten Sammlungen von Hinterglasbildern in Bayern und eine Weihnachtskrippe mit 200 Figuren. Gegenpol zu Kunst und Kultur ist das Erlebnisbad *WellenBerg.* Verfügbar sind in dem Hallen- und Freibad mehrere Becken, große Wasserrutschen, Sauna, Solarium und ausgedehnte Liegewiesen, alles reizvoll am Fuße der Ammergauer Berge gelegen.

5 Im Ammertal*

○ Landschaft ● Wandern ○ Freizeit ● Dauer
○ Kultur ○ Radeln ○ Kinder 2,5 Std.

Gelegenheit, die Eindrücke von Oberammergau zu verarbeiten, bietet eine Wanderung im Ammertal. Hinaus geht es von der Ammerbrücke an der Bahnhofstraße auf dem Ammer-Westufer bis Unterammergau. Dort setzt man im Ortsteil östlich der B 23 auf dem Weiherweg (»Fußweg über Romanshöhe nach Oberammergau«) fort und gelangt so zum Ausgangspunkt zurück. Das Ergebnis: Gang durch die anmutige Landschaft des Ammertals, herrliche Ausblicke von der *Romanshöhe auf das Ammertal mit Unter- und Oberammergau und auf die Berge. Weglänge rund 10 km.

18 Oberammergau

6 In Unterammergau*

○ Landschaft ○ Wandern ● Freizeit ● Dauer
● Kultur ○ Radeln ● Kinder *je 1 Std.*

Wem Oberammergau zu touristisch gefärbt ist, der findet im nahen Unterammergau noch unverfälschten dörflichen Charakter. Auch dort stehen an der Dorfstraße noch alte Häuser mit *Lüftlmalereien von Franz Zwinck. Schön anzuschauen auch der stattliche Gasthof Zum Stern. *St. Nikolaus von 1710 erweist sich als schmucke Kirche. Neben Stuck, Fresken und Kanzel gefällt vor allem der Hochaltar, der mit Gold, Marmor und Figuren des Bildhauers Schmädl dekorativ gestaltet ist.

Am Westhang des Ammertals bei Unterammergau wurde Mitte 1998 eine neue *Sommerrodelbahn in Betrieb genommen. Sie startet an der Steckenbergalm, ist 630 m lang und überwindet in acht Steil- und drei Flachkurven eine Höhendifferenz von 80 m. Die rasante Fahrt kann bis zu 40 km/h schnell werden, doch lässt sich der Bob durch eine Fliehkraftbremse verlangsamen. Einzigartig in Bayern ist es, dass die dazugehörende Liftanlage die benötigte Energie komplett selbst erzeugt.

TOP EVENTS

Oberammergau:
Passionsspiele alle 10 Jahre von Mai bis September (nächste 2000, 2010)
Fronleichnamsprozession
Traditionelles König-Ludwig-Feuer am 24. August (Geburtstag König Ludwigs II.)

Ettal:
Almfest in Graswang im Juli
Brauereihoffest in Ettal im August

Unterammergau:
Leonhardiritt Ende Oktober

Faszinierende Aussicht von der Romanshöhe: Oberammergau, dahinter Kofel und Notkarspitze.

Oberbayern/Südwest

19 Loisachtal

Ziel dieses Ausflugs ist das Loisachtal, wo einige der schönsten Wanderrouten des nördlichen Alpenrandes zu finden sind. Eine prächtige Kulisse gibt hier das Wettersteingebirge ab. Nicht minder betörend ist die Rundsicht auf dem Wank, denn dort ist auch das Karwendelgebirge gut sichtbar. Sehenswert ist nicht zuletzt die Kirche St. Anton am Fuße des Wank. Hier die Freizeitziele zu Ihrer Auswahl:

ANFAHRT

A 95 München–Eschenlohe, gegebenenfalls weiter nach Partenkirchen

INFORMATION

Eschenlohe:
Tel. 088 24/82 28

Oberau:
Tel. 088 24/939 73

Farchant:
Tel. 088 21/96 16 96

Partenkirchen:
Tel. 088 21/18 06

FREIBÄDER

Freibäder in Oberau, Farchant und Partenkirchen

1 Wandern im Loisachtal**

● Landschaft ● Wandern ○ Freizeit ○ Dauer
○ Kultur   ● Radeln   ● Kinder

Das Loisachtal zwischen Eschenlohe und Garmisch gehört zweifellos zu den schönsten Vorgebirgstälern der bayerischen Alpen und zwar aus zwei Gründen: Einmal der anmutigen und oft parkartigen Landschaft wegen, zum anderen aufgrund der hinreißenden Wettersteinkulisse, die im Süden das Tal abschließt und mit Alp- und Zugspitze ihre markantesten Gipfel zeigt. Hier drei schöne Wanderrouten, die den ganzen Reiz dieses Tals vermitteln:

Eschenlohe–Oberau (14 km, 3,5 Std.): Hinaus geht es in Eschenlohe auf Mühl- und Römerstraße, später an einer Geröllstrecke und einem Golfplatz vorbei zur Loisachbrücke Oberau. Wir überqueren sie nicht, sondern biegen direkt davor rechts ab. So kommt man durch Unterfilz und Pfrühlmoos nach Eschenlohe zurück.

Oberau–Farchant (etwa 9 km, 2 Std.): Ohne Frage die schönste Route! Laufen Sie vom Bahnhof Oberau zur Loisachbrücke und biegen Sie danach gleich rechts ab. In Farchant angekommen, überquert man die Loisach und wandert nun direkt am Westufer zurück. Der Hinweg ist freilich so reizvoll, dass es überlegenswert ist, auf diesem auch wieder nach Oberau zurückzukehren.

Wenn Sie Radl-Fan sind, lässt sich die Strecke Eschenlohe–Farchant (hin und zurück 23 km) auch genussvoll radeln.

Farchant–Partenkirchen (10 km, 2,5 Std.): Die Route verläuft auf der Esterbergstraße Richtung Warmfreibad, biegt dann links auf den »Philosophenweg« und führt am Hang bis Partenkirchen zur Münchner Straße. Auf dieser kommen Sie direkt zur Ludwigstraße, falls Sie sich in Partenkirchen noch umsehen wollen (siehe nächsten Ausflug).

2 St. Anton am Berg*

○ Landschaft ○ Wandern ○ Freizeit ● Dauer
● Kultur ○ Radeln ○ Kinder   30 Min.

Oberhalb von Partenkirchen liegt am Westhang des Wank die Wallfahrtskirche St. Anton, die erst nach kurzem Aufstieg zu erreichen ist. Die Mühe lohnt sich, denn der 1706 neu

EMPFOHLENE KARTEN

Kompass Wanderkarte 1:50 000, Blatt 6 Walchensee, Wallgau-Krün;

Top. Karte 1:50 000, Blatt Karwendelgebirge, Werdenfelser Land, Bayerisches Landesvermessungsamt.

EINKEHRMÖGLICHKEITEN

Eschenlohe:
Zum Alten Wirt (Mo, B)
Tonihof (Mi, T)

Farchant:
Föhrenhof (Mo, T)
Alter Wirt (ohne, B)

Partenkirchen:
Fraundorfer (Di)
Drei Mohren (ohne, G)
Zum Rassen (Mo)

Wank:
Gamshütte (Do, T)
Wankhaus (ohne, T)

Dieser erhabene Landschaftsrahmen mit Alp- und Zugspitze zeigt sich zwischen Burgrain und Garmisch.

Oberbayern/Südwest

HITS FÜR KIDS

Eschenlohe:
Wanderung zu den sieben Quellen (2 km südl. Eschenlohe)

Oberau:
Schlauchbootfahrt auf der Loisach (Tel. 08824/92200)

Farchant:
Besuch im Warmfreibad
Kutschfahrten (Tel. 08821/68130)

Partenkirchen:
Olympia-Eissportzentrum
Olympia-Skistadion

TOP EVENTS

Eschenlohe:
Palmbüschelweihe am Palmsonntag
Osterfeuerweihe am Ostersamstag
Johannifeuer auf den Bergen am 23. Juni
Kräuterweihe an Maria Himmelfahrt

Oberau:
Fronleichnamsprozession
Kräuterweihe an Maria Himmelfahrt

Farchant:
Fronleichnamsprozession
Kräuterweihe an Maria Himmelfahrt
Johannifeuer auf den Bergen am 23. Juni

Auf der Loisachbrücke in Oberau: Über dem Flusslauf erheben sich die Felsmassive des Wettersteingebirges.

errichtete Bau hat einen sehenswerten Innenraum. Schmuckstücke sind vor allem der Stuck von Joseph Schmuzer und Sohn Franz Xaver sowie das leuchtende Deckenfresko von Johann Evangelist Holzer, ein Hauptwerk der süddeutschen Deckenmalerei. Sehenswert auch der Hochaltar (1730), die Kanzel (1740) sowie die großen Votivbilder.

3 Auf dem Wank**

● Landschaft ● Wandern ○ Freizeit ● Dauer
○ Kultur ○ Radeln ○ Kinder *5 Std.*

1780 m ist der Wank hoch und bietet ein großartiges Panorama vom Sylvensteinsee im Osten bis zu den Allgäuer Alpen im Westen. Im Zentrum das Garmischer Becken und das Krankertal sowie der mächtige Wettersteinriegel und die Westflanke des Karwendelgebirges. Ein begeisterndes Landschaftsbild!

Empfehlenswert ist es, über Gams- und Eckenhütte hochzuwandern (gut 3 Std.) und oben den **Gipfelrundweg** (etwa 3 km) zu begehen, der zu den schönsten Aussichtspunkten des Wank-Plateaus führt und zugleich ein so genannter »Terrain-Kurweg« ist, das heißt heilklimatische Bewegungstherapie ermöglicht. Wenn Sie sich dann in der Berggaststätte bei herrlicher Aussicht gestärkt haben, entscheiden Sie sich: wieder hinuntergehen oder – verdientermaßen – mit der Bahn hinabgleiten.

20 Garmisch-Partenkirchen

Zu Garmisch-Partenkirchen beeindruckt vor allem das Wettersteinpanorama. Der Ort bietet zudem alpenländische Dorfatmosphäre und Attraktionen in Kultur und Sport. Hier die Freizeitziele zu Ihrer Auswahl:

1 Garmisch-Partenkirchen***

- Landschaft ○ Wandern ○ Freizeit ○ Dauer
- Kultur ○ Radeln ○ Kinder

Wie der Name schon sagt, spielen in der Alpengemeinde zwei Ortsteile eine Rolle: das mondänere Garmisch westlich des Bahnhofs und das noch ursprünglichere Partenkirchen östlich davon. Obwohl seit 1935 zusammengehörend, haben sie bis heute ihren eigenständigen Charakter bewahrt. Älter ist Partenkirchen, denn es war schon römische Siedlung, während Garmisch 802 erstmals erwähnt wird.

Der Doppelort besticht vor allem durch seine Lage vor den Wettersteinmassiven von Waxenstein sowie Alp- und Zugspitze. Als Olympiastätte 1936 und heutiger Wintersportplatz Nummer eins in den bayerischen Alpen genießt er internationalen Ruf. Nicht umsonst gehört er als einziger deutscher Bergferienort dem Klub »Best of the Alps« an, einer Gemeinschaft renommierter Alpendörfer. Beim Gang durch die Straßen fallen alpenländische Bauweise und Fassaden mit Lüftlmalereien auf.

ANFAHRT

Auf A 95 und B 2 bis Garmisch-Partenkirchen

INFORMATION

Garmisch-Partenkirchen:
Tel. 08821/180-724
oder 726 bzw. 735

Grainau:
Tel. 08821/981850

Bayer. Zugspitzbahn AG:
Tel. 08821/797-901

Kreuzeckbahn KG:
Tel. 08821/797-860

Oberbayern/Südwest

Vorspringende Giebeldächer und Blumenbalkone kennzeichnen die Frühlingsstraße in Garmisch.

EMPFOHLENE KARTEN

Kompass Wanderkarte 1:50 000, Blatt 6 Walchensee, Wallgau-Krün;

Top. Karte 1:50 000, Blatt Karwendelgebirge, Werdenfelser Land, Bayerisches Landesvermessungsamt München

2 In Garmisch*
○ Landschaft ○ Wandern ● Freizeit ○ Dauer
● Kultur ● Radeln ● Kinder

Neben malerischen Sträßchen und Winkeln rund um die Alte Kirche, so unter anderem die Sonnenstraße und vor allem die Frühlingsstraße mit dem bemalten Gasthof zum Husaren, sind noch folgende Punkte von Interesse: Die **Alte Kirche** von 1280 enthält wunderschöne Wandfresken aus der Zeit von 1300 bis 1523, so Bildreihen zur Leidensgeschichte und eine 7 m hohe Christopherusfigur. Bedeutend auch die Glasmalereien (1400) im Chor und das geschnitzte Chorgestühl (um 1500).

Die *St. Martinskirche (J. Schmuzer) von 1733 gefällt mit ihrem Stuck und den Fresken von M. Günther. Ansehnlich aber auch die Altaranlage mit Figuren von A. Sturm und F. X. Schmädl und die Rokoko-Kanzel.

An der Zoeppritzstraße liegt die *Richard-Strauss-Villa (Jugendstil), die fast 50 Jahre Domizil des berühmten Komponisten war. Dort hat er die »Alpensinfonie« geschrieben und dort ist er 1949 auch gestorben. Info-Tel. für Besichtigungen 08821/2178.

Superlative in Sachen Sport und Freizeit sind das hinter dem Bahnhof liegende *Olympia-Eissport-Zentrum mit fünf Eisflächen, die

20 Garmisch-Partenkirchen

auch vom Publikum genutzt werden können, und – daneben – das *Alpspitz-Wellenbad, ein großes und schönes Erlebnisbad mit diversen Becken und Anlagen.

3 In Partenkirchen*
○ Landschaft ○ Wandern ● Freizeit ○ Dauer
● Kultur ○ Radeln ○ Kinder

Drei Punkte verdienen besondere Aufmerksamkeit, nämlich die historische *Ludwigstraße mit ihren teils bemalten Giebelhäusern sowie Traditionsgasthöfen und bekannten Hotels. Dann das **Werdenfelser Heimatmuseum (Di–Fr 10–13 und 15–18, Sa, So 10–13 Uhr), ebenfalls in der Ludwigstraße. Es zählt zu den schönsten und reichhaltigsten in Südbayern und zeigt Bestände an Möbeln, Trachten, Schnitzwerken, Hinterglasbildern und Masken sowie eine Mittenwalder Geigenbauwerkstatt.

Die Sportarena Partenkirchens ist das *Olympia-Skistadion mit zwei Sprungschanzen und dem Zielraum für Slalomrennen. Es war Austragungsort unter anderem der Winterolympiade 1936 wie der Skiweltmeisterschaft 1978 und fasst 80 000 Zuschauer.

EINKEHRMÖGLICHKEITEN

Garmisch:
Clausings Posthotel (ohne, T)
Café Krönner (Mo, T)

Partenkirchen:
Fraundorfer (Di)
Zum Rassen (Mo)
Posthotel (ohne, T)

Grainau:
Zugspitze (ohne, T)
Alpenhof Grainau (ohne, T)

Eibsee:
Eibsee Pavillon (ohne, T)

Riessersee:
Riessersee (ohne, T)
Einkehrmöglichkeiten auch an den Bergbahnen und im Höllental/ Partnachtal

Top-Panorama zwischen Garmisch und Grainau: Wiesengrund mit Stadeln, darüber die Alpspitze und die Waxensteine.

Oberbayern/Südwest

Die Villa von Richard Strauss in Garmisch: hier entstanden bekannte Werke des Komponisten wie die »Alpensinfonie« (siehe 2).

FREIBÄDER

Freibäder in Garmisch, Partenkirchen und Grainau
Badeplätze am Eibsee, am Riessersee und am Pflegersee in Burgrain

4 Wandern nach Grainau**
● Landschaft ● Wandern ○ Freizeit ● Dauer
○ Kultur ○ Radeln ○ Kinder 3 Std.

Parkartiger Wiesengrund mit alten Holzschuppen, darüber die kühn geformte Alpspitze und die steil aufragenden Waxensteintürme – dieses Bild zwischen Garmisch und Grainau begeistert immer wieder und zählt zu den schönsten Panoramen am Alpenrand. Genießen Sie auf der folgenden Wanderung diese großartige Bilderbuch-Landschaft.

Von der St. Martinskirche geht es am Südufer der Loisach entlang mit Blick auf den Daniel bis zur Archstraße und nach Überquerung der großen Zugspitzstraße (B 23) auf Katzensteinstraße und Hammersbacher Fußweg bis Hammersbach und weiter nach Grainau, wo auch die Zahnradbahn zum Zugspitzplatt hält (siehe 9).

Zurück nutzt man am besten den Tegernauweg bis zur Gernackerstraße und strebt dann wieder zum Loisachufer. Die Gesamtstrecke dieser aussichtsreichen Wanderung beträgt ungefähr 13 km.

5 Auf dem Osterfeldkopf**
● Landschaft ● Wandern ○ Freizeit ● Dauer
○ Kultur ○ Radeln ○ Kinder 3 Std.

Wer eine leichte und doch eindrucksvolle Bergwanderung sucht, liegt hier richtig! Es empfiehlt sich, mit der Kreuzeckbahn zum Kreuzeck (1650 m) hochzufahren und dann über die Hochalm zum Osterfelderkopf (2050 m) zu wandern. Dazu benötigt man rund zwei Stunden.

Auf dem Osterfeldkopf angekommen, bietet sich ein prächtiger Ausblick: Nach Norden schweift der Blick über Loisachtal, Garmisch-Partenkirchen, Wank und Kramer. Im Süden erstrecken sich Karwendelgebirge, Wettersteinwand und Alpspitze sowie die Höllentalschlucht und das mächtige Felsmassiv der Zugspitze.

20 Garmisch-Partenkirchen

Ein besonders schönes Panorama genießt man beim Kaffetrinken am Riessersee.

6 Besuch am Riessersee*

- ● Landschaft   ○ Wandern   ○ Freizeit   ● Dauer
- ○ Kultur   ○ Radeln   ○ Kinder   1 Std.

Der See liegt 2 km südlich von Garmisch am Hang; er ist nicht sehr groß, aber begünstigt durch ein Prachtpanorama. Vom Ostufer aus reicht der Blick über den See bis zu den grauen Felswänden der Alpspitze, Höllentalspitzen und Waxensteine. Erreichbar ist der See mit Auto auf der Riesserseestraße, aber auch in kurzen Wanderungen ab Garmisch oder Talstation Kreuzeckbahn.

7 Düstere Felsengen**

- ● Landschaft   ● Wandern   ○ Freizeit   ● Dauer
- ○ Kultur   ○ Radeln   ● Kinder   je 1,5 Std.

Die **Partnachklamm** – 1,5 km südlich des Skistadions – wurde 1912 erschlossen, ist 700 m lang und weist einen Höhenunterschied von knapp 50 m auf. Bis 80 m ragen die Felswände an den Seiten empor, was zusammen mit den tosenden Wasserfällen der Partnach ein imposantes Naturschauspiel ergibt. Stollen und Gänge in den Wänden machen die Klamm auch im Winter begehbar, wo dann bizarre Eisbildungen besonders eindrucksvoll sind.

Die **Höllentalklamm** – am Eingang zum Höllental – wurde bis 1905 mit zwei Brücken, zwölf Stollen und 45 Wandstegen erschlossen.

Oberbayern/Südwest

HITS FÜR KIDS

Garmisch-Partenkirchen:
Olympia-Eissport-Zentrum und Alpspitz-Wellenbad
Skistadion und Werdenfelser Heimatmuseum
Partnach- und Höllentalklamm
Kinderprogramme (Info-Tel. 088 21/180-0)
Minigolf zwischen Chamonix- und Von-Brug-Straße, außerdem an der Klammstraße und an der Hauptstraße neben der Schnitzschule
Kutschfahrten (Tel. 088 21/ 94 29 20)
Sommerrodelbahn »Goasbichl« neben dem Olympia-Skistadion
Freizeitpark Loisachbad (mit Freibad und Beachvolleyball) nahe der Archstraße

Grainau:
Baden oder Bootfahren am Eibsee
Minigolf im Kurpark; Baden im Zugspitzbad
In der Saison dreimal wöchentlich Kinderprogramm (Info über Verkehrsamt)

Ihre Länge beträgt 1 km, ihre Höhendifferenz rund 150 m. Auch hier verursachen Felswände und herabstürzende Wassermassen des Hammersbachs ein beklemmendes Gefühl. Atemberaubend spannt sich die »Eiserne Brücke«, in 70 m Höhe über die Schlucht. Im Winter ist die Klamm wegen Lawinengefahr geschlossen. Beim Besuch der feuchten Felsschluchten sollte man einen Nässeschutz mitführen.

8 Um den Eibsee*

● Landschaft ● Wandern ○ Freizeit ● Dauer
○ Kultur ○ Radeln ○ Kinder *je 2 Std.*

In Wald eingebettet, liegt der Eibsee 4 km südwestlich Grainau auf fast 1000 m Höhe. Er gilt als einer der schönsten Bergseen in Bayern, vor allem deshalb, weil sich über seinem Südufer der mächtige Felsstock der Zugspitze erhebt und dem stillen See eine dramatische Kulisse verleiht. Sein Uferweg ist 7 km lang, ermöglicht eine Rundwanderung (2 Std.) und bietet stellenweise herrliche Ausblicke. Gleich zu Beginn am Ufer der Eibsee-Pavillon, wo man einkehren, ein Boot mieten oder zu einer Motorboot-Rundfahrt starten kann.

Für Autofahrer führt ab Grainau die Eibseestraße hoch, lohnend ist aber auch eine Wanderung über die Neueralm und den Eibsee-Höhenweg. Zurück geht es auf den Wanderwegen E und G3 (8 km, 2 Std.).

Der blau-grüne Eibsee vor der imposanten Front der Zugspitze, für manche der schönste Gebirgssee der bayerischen Alpen.

20 Garmisch-Partenkirchen

9 Auf der Zugspitze***
● Landschaft ○ Wandern ○ Freizeit ● Dauer
○ Kultur ○ Radeln ● Kinder 3 Std.

Auf der Zugspitze im Winter: Diese großartige schneebedeckte Gipfelwelt präsentiert sich beim Blick nach Westen.

Deutschlands höchster Gipfel – ein Ausnahmeziel und ein Supererlebnis! Während erfahrene Tourengeher den 2964 m hohen Gipfel zu Fuß bezwingen, können »Normalsterbliche« nur hoch fahren. Auf deutscher Seite gibt es zwei Möglichkeiten:

1. Mit der **Zahnradbahn** (stündlich) zum Gletscherbahnhof auf dem 2600 m hoch gelegenen Zugspitzplatt, und zwar von Garmisch (75 Min.), Grainau (60 Min.) oder Eibsee (35 Min.). Ab Zugspitzplatt weiter mit der **Gletscherbahn** zum Gipfel.

2. Mit der **Eibsee-Seilbahn,** einer der größten in Europa, vom Eibsee jede halbe Stunde direkt zum Gipfel (Fahrzeit 10 Min.).

Wenn die Spitze erreicht ist, könnte es sein, dass Sie zunächst enttäuscht sind. Von einsamer Hochgebirgswelt und stillem Gipfelglück ist nämlich nur wenig zu spüren! Statt dessen stehen Sie auf einer Felskuppe, die von Bergstationen, Gebäuden, technischen Anlagen (Wetterstation, Sendeanlagen) und weitläufigen Aussichtsterrassen regelrecht überbaut ist und zeitweise von Menschen nur so wimmelt. Was aber das einzigartige ***Panorama an-

Oberbayern/Südwest

TOP EVENTS

Garmisch:
Heimatwoche des Volkstrachtenvereins mit Umzug am letzten Juli-Wochenende

Partenkirchen:
Heimatwoche des Volkstrachtenvereins mit Umzug in der zweiten Augusthälfte.

Garmisch-Partenkirchen:
Richard-Strauss-Tage im Juni/Juli
Theatersommer im August

geht, werden Sie am Gipfelkreuz oder auf einer der Aussichtsterrassen ganz sicher begeistert sein: Bei klarer Sicht ist der Fernblick hinein in vier Länder einfach überwältigend! Während er in Richtung Alpenvorland bis zum Ammersee und Starnberger See reicht, an manchen Tagen sogar bis München, breitet sich zur Gebirgsseite hin das ganze Gipfelmeer der Zentralalpen aus, geprägt von scharfen Graten und Zacken und von steilen Felsabstürzen und Schluchten. Zu sehen sind alle namhaften Gipfel und Gebirgszüge im nahen und weiteren Umkreis: im Osten unter anderem das Kaiser-, Dachstein- und Karwendelgebirge, dahinter die schneebedeckte Kette der Hohen Tauern, aus der Großglockner und Großvenediger herausragen; im Süden die Dolomiten sowie die Zillertaler, Stubaier und Ötztaler Alpen, außerdem der Ortler und die Berninagruppe; nach Westen hin schließlich unter anderem die Silvrettagruppe, der Schweizer Säntis und die Allgäuer Alpen mit dem aufragenden Hochvogel. Dieser erhabene Landschaftsrahmen wird Ihnen unvergesslich bleiben!

10 Kramer-Plateau-Weg*

○ Landschaft ● Wandern ○ Freizeit ● Dauer
○ Kultur ○ Radeln ○ Kinder *2 Std.*

Wer auf der Nordseite des Garmischer Beckens eine aussichtsreiche und unschwierige Wanderung sucht, hat die Wahl zwischen dem Wank (siehe vorhergehenden Ausflug) und dem Kramer-Plateau-Weg. Letzterer verläuft auf etwa 800 m Höhe am Südhang des Kramer und bietet strecken- und stellenweise prächtige Ausblicke auf das Wettersteingebirge, das Loisachtal mit Garmisch-Partenkirchen und sogar auf das Karwendelgebirge. Empfohlen werden der Aufgang nahe der Bayernhalle (Brauhausstraße und Kramerhänge), dann rund 3,5 km auf dem Höhenweg, schließlich Abstieg westlich Breitenau und Rückkehr im Zuge der Loisach nach Garmisch (9 km).

21 Kochelsee

Auf der Autobahn von München aus schnell zu erreichen und dennoch nicht überlaufen – das sind die Vorteile des Gebietes um Kochel und Benediktbeuern. Und dabei bietet es seinen Besuchern Moorlandschaft, Bergpanorama, Kunst wie Technik und mit dem »trimini« auch eines der beliebtesten Erlebnisbäder der Region. Hier die Freizeitziele zu Ihrer Auswahl:

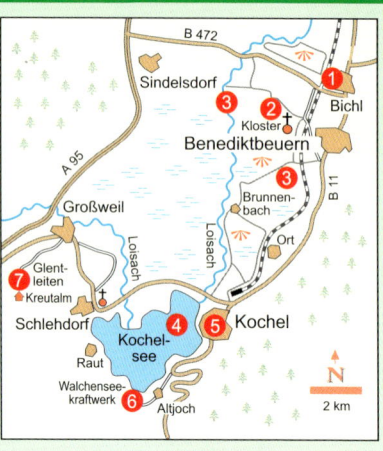

1 Halt in Bichl*

○ Landschaft ● Wandern ○ Freizeit ● Dauer
● Kultur ○ Radeln ○ Kinder *15 Min.*

Werfen Sie einen Blick in die *Georgskirche, die in leuchtendem Gelb mit Zwiebelturm über dem Ort thront. Kein Geringerer als Johann Michael Fischer hat sie 1752 erbaut. Ihre Ausstattung weist zwei Höhepunkte auf: Einmal den Hochaltar mit einer Reitergruppe von Johann Baptist Straub. Zum anderen die Deckengemälde von Jacob Zeiller aus Tirol.

Zwei **Wanderungen** bieten sich hier besonders an (1–1,5 Std.): Von Bichl geht es an der Bahn entlang zum Kloster Benediktbeuern, dann in den Ort Benediktbeuern selbst und von dort auf Ludlmühlweg und Lindenallee (Aussicht!) nach Bichl zurück (5 km).

Ab der Kirche führt ein Weg zur Sportplatzstraße, dann rechts ab, nach 800 m am Querweg links zur Loisach und ein Stück an ihr entlang nach Westen. Zurück geht es auf dem Prälatenweg parallel zur B 472 (etwa 7 km).

ANFAHRT

A 95 bis Sindelsdorf, dann nach Osten bis Bichl; Alternativ B 11 über Wolfratshausen/Königsdorf

INFORMATION

Benediktbeuern:
Tel. 088 57 / 248

Kochel am See:
Tel. 088 51 / 338

Schlehdorf:
Tel. 088 51 / 484

Oberbayern/Südwest

Die Doppeltürme mit Zwiebelhaube sind Wahrzeichen des Klosters Benediktbeuern, des ältesten Urkloster im Alpenvorland.

2 Kloster Benediktbeuern*

○ Landschaft ○ Wandern ○ Freizeit ● Dauer
● Kultur ○ Radeln ○ Kinder *1 Std.*

Im Jahr 739 gegründet, ist das ehemalige Benediktinerkloster ältestes Urkloster im bayerischen Alpenvorland. Heute beherbergt es Hochschulen und das Zentrum für Umwelt und Kultur (Besichtigungen möglich). Obwohl auch die Klostergebäude aufwendig eingerichtet sind, ist wohl die *Kirche St. Benedikt das Herzstück der Anlage. Sie wurde 1681 bis 1686 von Kaspar Feichtmayr neu erbaut.

Der prächtige Barockraum ist hoch und weit und nur in spärliches Licht getaucht. Die Hauptwirkung geht vom reichen plastischen Stuck aus. Er umrahmt an den Decken des Langhauses und der Seitenkapellen Fresken von Hans Georg Asam (1684–1687). Auch der Marmorhochaltar mit zwei Fenstern und Uhr sowie die schwarz-goldene Kanzel stechen hervor (15 Min.). In der Kirche öffnen sich zehn Seitenkapellen, die von namhaften Künstlern ausgestaltet wurden, unter anderem von Johann Baptist Zimmermann und Franz Xaver Schmädl. Die **Anastasiakapelle** von Johann Michael Fischer (1753) ist eine glanzvolle Rokokoschöpfung, an der Ignaz Günther (Altar der Immaculata), Jakob Zeiller (Fresko), Johann Michael Feichtmayr (Stuck, Skulpturen)

EMPFOHLENE KARTEN

Kompass Wanderkarte 1:50 000, Blatt 6 Walchensee, Wallgau-Krün;

Top. Karte 1:50 000, Blatt Bad Tölz–Lenggries und Umgebung, Bayerisches Landesvermessungsamt München

21 Kochelsee

und Egid Quirin Asam (Silberbüste der hl. Anastasia) mitgewirkt haben. Der Zugang liegt an der Nordost-Ecke der Kirche (10 Min.).

Wer sich für optische Instrumente interessiert, findet im Kloster die **Historische Fraunhofer-Glashütte** (tgl. 9–18 Uhr), in der einschlägige Geräte, Anlagen und Dokumentationen ausgestellt sind (30 Min.).

3 Wandern im Loisachmoor*
○ Landschaft ● Wandern ○ Freizeit ● Dauer
○ Kultur ○ Radeln ○ Kinder *je 2 Std.*

Ein Rundweg (Nr. 1) verläuft ab Kloster Benediktbeuern nach Nordwesten zur Loisach, dann 3 km in Südrichtung am Loisachufer entlang und schließlich auf dem Prälatenweg zur Bahnlinie und zurück (etwa 9 km, 2 Std.).

Eine zweite Wanderung beginnt ebenfalls am Kloster und führt auf dem Prälatenweg bis Brunnenbach, dann nach Westen an die Loisach und am Ufer entlang nach Süden bis Kochel. Zurück bietet sich der Weg entlang der Bahn bis Brunnenbach an, wo man dann wieder den Prälatenweg zum Kloster nutzen kann (gesamt 15 km, 4 Std.). Startet man von Ort (4 km südl. des Klosters) Richtung Brunnenbach, verkürzt sich die Route auf 8 km (2 Std.).

EINKEHRMÖGLICHKEITEN

Bichl:
Zum Bayer. Löwen (Mo, B)

Benediktbeuern:
Klosterstüberl (ohne, B)

Kochel:
Schmied von Kochel (ohne, B)
Zur Post (ohne, S)

Schlehdorf:
Fischerwirt (ohne, T)

Glentleiten:
Kreut-Alm (ohne, B)

FREIBÄDER

Freibäder in Bichl, Benediktbeuern und Kochel
Badeplätze am Kochelsee

An der Loisach nördlich von Kochel: anmutige Mooslandschaft, Herzogstand-Panorama und wohltuende Stille.

Oberbayern/Südwest

HITS FÜR KIDS

Bendiktbeuern:
Baden im Alpenwarmbad

Kochel:
Freizeitanlage »trimini«
Walchensee-Kraftwerk
Bootsfahrt oder Motorbootfahrt auf dem Kochelsee
Planwagenfahrt (Tel. 08851/ 5522)
Besuch einer Töpfer-Werkstatt (Tel. 08851/246 oder 5002)
Minigolf an der Mittenwalder Straße

Glentleiten:
Freilichtmuseum an der Glentleiten (siehe 7)

Natursommer im Loisachtal:
Benediktbeuern und Kochel bieten zusammen mit dem Zentrum für Umwelt und Kultur Führungen an, die den Besucher mit Landschaft, Pflanzen und Tiere dieser Region näher bekannt machen. Nähere Infos erhalten Sie bei den Verkehrsämtern.

4 Am Kochelsee*

● Landschaft ● Wandern ○ Freizeit ● Dauer
○ Kultur ○ Radeln ○ Kinder 2-3 Std.

Auf 6 km² Fläche und über 14 km Umfang bringt es der Kochelsee, ein anmutiger Voralpensee unterhalb vom Herzogstand. An tiefster Stelle misst er 66 m. Sein Wasser kann in warmen Sommern 20 Grad und mehr erreichen. Eng verbunden sind Kochelsee und Loisach. Der Fluss mündet an der Nordwest-Ecke des Sees ein und an der Nordost-Ecke wieder aus.

Für **Wanderungen** am See bieten sich nur die Strecken zwischen Altjoch und Schlehdorf sowie zwischen Kochel und Altjoch an, hier jedoch neben der B 11. Unsere Empfehlung: Per Schiff von Kochel nach Altjoch, ab da nach Schlehdorf wandern und von dort per Schiff nach Kochel zurück (2–3 Std.).

5 Rundgang in Kochel*

○ Landschaft ○ Wandern ● Freizeit ● Dauer
● Kultur ○ Radeln ● Kinder 1 Std.

Die ***Michaelskirche** (1690) besitzt einen freundlichen Barockraum, in dem unter anderem der Hochaltar (Rokoko), die von pastellfarbenem Stuck umrahmten Deckenfresken und ein prächtiges Taufbecken auffallen. In der Ortsmitte steht das Denkmal des legendären **Schmied von Kochel,** der 1705 in der »Mordweihnacht« gegen österreichische Truppen ge-

Der stattliche Gasthof zur Post im Zentrum von Kochel, davor das Denkmal für den Schmied von Kochel.

21 Kochelsee

Das »trimini« in Kochel: herrliche Lage direkt am See unterhalb von Jochberg und Herzogstand.

kämpft hat und gefallen ist. Seither gilt der Kocheler Held als Vorbild für Heimatliebe.

Der »Blaue Reiter« nannte sich eine 1911 gegründete Gruppe von Malern, zu der Franz Marc, Wassily Kandinsky und Gabriele Münter (siehe Ausflug Murnau) gehörten. Zu ihren Wirkungsstätten zählten Murnau und Kochel. Das *Franz-Marc-Museum am Südrand des Ortes (Di–So 14–18 Uhr) zeigt mehr als 200 Exponate aus dem Kunstschaffen von Franz Marc und seinen Freunden.

Das *»trimini« liegt direkt am See und bietet schönes Bergpanorama ebenso wie einen Freiluftpool, eine 160 m lange Wasserrutsche und ein Heißwassersprudelbecken.

6 Walchensee-Kraftwerk*

○ Landschaft ○ Wandern ○ Freizeit ● Dauer
● Kultur ○ Radeln ● Kinder 1 Std.

An der Südspitze des Kochelsees liegt in Altjoch das Walchensee-Kraftwerk. Dieses 1924 zur Stromerzeugung erbaute Werk zählt noch heute zu den größten Hochdruck-Speicher-Kraftwerken Deutschlands. Wasser aus dem Walchensee schießt durch sechs Druckrohre 200 m hinunter zum Kochelsee und treibt dort die Turbinen des Kraftwerks an (Info-Zentrum tgl. 9–17 Uhr).

Oberbayern/Südwest

TOP EVENTS

Benediktbeuern:
Leonhardifahrt am Sonntag vor oder nach dem 6.11., eine der ältesten der Region (seit über 100 Jahren)

Kochel:
Heimattag mit Trachtenzug am 15. August

7 Freilichtmuseum »Auf der Glentleiten«*
○ Landschaft ○ Wandern ● Freizeit ● Dauer
● Kultur ○ Radeln ● Kinder *1 Std.*

Dieses sehenswerte Museum (Di–So 9–18 Uhr, Juli, Aug. auch Mo) ist per Auto ab Großweil (5 km nordwestlich Kochel) zu erreichen. Etwa 40 von Verfall oder Abriss bedrohte Höfe und Werkstätten wurden hierher gebracht und originalgetreu wieder aufgebaut. An Wochenenden werden die Werkstätten zum Teil auch in Betrieb genommen. Dann kann man Weberinnen bei der Arbeit zusehen oder den Betrieb von Wassermühlen begutachten und erhält so einen guten Einblick in die bäuerliche Wohn- und Arbeitswelt der Vergangenheit. In den Museumsräumen gibt es Sonderausstellungen zu volkskundlichen Themen.

Oberhalb des Museums finden Sie die ***Kreutalm,** eine Ausflugsgaststätte mit schönem Biergarten und großartiger Aussicht auf die Moosregion nördlich von Kochel sowie auf Jochberg und Herzogstand.

8 Der Prälatenweg*
○ Landschaft ● Wandern ○ Freizeit ○ Dauer
○ Kultur ○ Radeln ○ Kinder

Kochel ist Endpunkt eines der bekanntesten Weitwanderwege des Alpenvorlandes, nämlich des Prälatenweges. Er ist durchgehend markiert und führt auf einer Länge von etwa 145 km ab Marktoberdorf durch den Pfaffenwinkel nach Kochel. Zwischenstationen sind unter anderem der Auerberg, Steingaden, die Wies, Rottenbuch, Weilheim und Bernried am Starnberger See.

Sie können den Prälatenweg im Übrigen auch per Rad befahren, müssen dann aber aus Gründen der Wegbeschaffenheit stellenweise von der Originalroute abweichen.

Wenn Sie an einer geführten Fuß- oder Radwanderung auf dem Prälatenweg interessiert sind, erhalten Sie nähere Informationen unter Tel. 08136/6046.

22 Mittenwald

Lüftlmalerei, Geigenbaumuseum und grandiose Gebirgskulisse, dazu malerisch gelegene Bergseen und schöne Wanderwege – Gründe genug, um sich nach Mittenwald aufzumachen. Hier die Freizeitziele zu Ihrer Auswahl:

1 Durch Mittenwald*

○ Landschaft ○ Wandern ○ Freizeit ● Dauer
● Kultur ○ Radeln ○ Kinder *2 Std.*

Im Jahr 1087 wurde die Siedlung erstmals erwähnt. Gut 200 Jahre später erhielt sie das Marktrecht und entwickelte sich in der Folge zu einem wohlhabenden Handelsplatz. Martin Klotz machte sie nach 1680 zu einem Zentrum des Geigenbaus. Bekannt ist Mittenwald auch für seine schönen Lüftlmalereien. Als bedeutendste Vertreter dieser Zunft in Mittenwald müssen Franz Karner und Franz Seraph Zwinck genannt werden.

Auch wenn rund um Mittenwald zahlreiche »Naturschönheiten« warten, sollte man sich für einen gemütlichen Spaziergang durch den Ort ausreichend Zeit nehmen und vor allem auf Folgendes achten:

ANFAHRT

B 11 über Kochel- und Walchensee bis Mittenwald

INFORMATION

Mittenwald:
Tel. 088 23 / 339 81

Wallgau:
Tel. 088 25 / 92 50 50

Scharnitz:
Tel. 00 43 / 52 13 oder 52 70

Oberbayern/Südwest

Wie ein großes Wohnzimmer: der Obermarkt in Mittenwald mit schönen Lüftlmalereien an den Fassaden.

EMPFOHLENE KARTEN

Kompass Wanderkarte 1:50 000, Blatt 6 Walchensee, Wallgau–Krün;

Top. Karte 1:50 000, Blatt Karwendelgebirge, Werdenfelser Land, Bayerisches Landesvermessungsamt München

*Ortsbild: Einem gemütlichen Wohnzimmer gleicht der Obermarkt mit seinen Bürger- und Geschäftshäusern: Die Giebeldächer springen weit vor und die Fassaden sind zum Teil mit Lüftlmalereien geschmückt. Am nördlichen Ende stößt man auf das Denkmal für Geigenbauer Matthias Klotz und den bemalten ***Kirchturm** der Pfarrkirche, der als einer der schönsten in Südbayern gilt.

Auffällige Lüftlmalereien, zum Teil von Franz Karner und Franz Zwinck, sieht man auch im Viertel gleich westlich der Kirche (so Im Gries, Goethestraße, Malerweg).

*Kirche St. Peter und Paul: Joseph Schmuzer aus Wessobrunn war 1738 Baumeister und Stuckateur der Rokokokirche, die reich und stilvoll eingerichtet ist. Matthäus Günther schuf die Deckenfresken und einige Altarbilder. Achten Sie auch auf die prachtvoll gestalteten Altäre, die Kreuzkapelle mit dem »Herrgott unter dem Turm« (vor 1400) und auf die spätgotische Madonna am Marienaltar.

Schwerpunkt des ***Geigenbau- und Heimatmuseums** (Mo–Fr 10–12 und 14–17, Sa, So 10–12 Uhr) ist das Geigenbauhandwerk. In einer Werkstatt werden die einzelnen Schritte der Herstellung demonstriert. Neben einer bemerkenswerten Sammlung von Musikinstrumenten zeigt das Museum auch Hausrat und Gegenstände bäuerlicher Wohnkultur.

22 Mittenwald

2 Zur Leutaschklamm*
- ● Landschaft ○ Wandern ○ Freizeit ● Dauer
- ○ Kultur   ○ Radeln   ● Kinder   *1 Std.*

23 m hoch ist der Wasserfall in der Leutaschklamm südlich von Mittenwald. Hauptakteur ist die Leutascher Ache, die bei Mittenwald in die noch junge Isar fließt. Folgen Sie der Innsbrucker Straße hinaus bis zur Isarbrücke und gehen dann rechts Am Köberl 1 km weit ins Leutaschtal. Vom Eingang zur Felsschlucht aus gelangt man nach rund 300 m zum Wasserfall.

3 Auf dem Kranzberg*
- ● Landschaft ● Wandern ○ Freizeit ● Dauer
- ○ Kultur   ○ Radeln   ○ Kinder   *3–4 Std.*

Kaum 1400 m ist er hoch, und doch entpuppt er sich als glänzender Aussichtspunkt, der zudem leicht erreichbar ist. Überwältigend sind die Massive von Karwendel- und Wettersteingebirge, schön aber auch der Blick auf Mittenwald und das Isartal.

Es empfiehlt sich folgender Aufstieg: Ab Kuranlage Puit den Schwibbacher Weg hinauf und weiter auf dem Georg-Tiefenbrunner-Weg zum Lautersee. Am Freibad setzt man in Westrichtung fort und mündet später in den eigentlichen Gipfelweg (Gehzeit 2 Std., rund 480 Höhenmeter). Zurück geht es per Bahn oder auf dem Weg entlang der Bahn.

4 Auffahrt zur Westl. Karwendelspitze**
- ● Landschaft ● Wandern ○ Freizeit ● Dauer
- ○ Kultur   ○ Radeln   ● Kinder   *2 Std.*

Wer eine atemberaubende Gesamtschau über das Mittenwalder Land sucht, sollte zur Westlichen Karwendelspitze hinauffahren. Der Blick erfasst Karwendel- und Wettersteingebirge ebenso wie Ötztaler, Stubaier und Zillertaler Alpen. Im Norden kann man über den Walchensee bis ins Fünfseenland hinausschauen. Wenn Sie an der Bergstation aussteigen, sind Sie noch nicht am Gipfel. Ihn zu besteigen, erfordert noch einmal zehn Minuten.

Aus der Zeit um 1530 stammt die spätgotische Madonna mit Kind in der Mittenwalder Pfarrkirche.

Oberbayern/Südwest

Ein imposantes Gebirgsbild: der Lautersee oberhalb von Mittenwald vor dem Karwendelmassiv.

5 Lauter- und Ferchensee*
● Landschaft ● Wandern ○ Freizeit ● Dauer
○ Kultur ○ Radeln ○ Kinder 1,5 Std.

Der Weg zu den beiden Gebirgsseen führt von der Innsbrucker- zur Leutascher Straße hoch und nach etwa 300 m in der Haarnadelkurve geradeaus weiter. Zuerst erreicht man den Lautersee, der zusammen mit den Felsmauern des Karwendel gegenüber ein prachtvolles Bild abgibt. Nicht minder schön das Panorama am Ferchensee, denn dort bilden die Wettersteinwand und die Ferchenseewände die Kulisse (gesamt 6 km, 150 Höhenmeter).

6 Schloss Elmau
○ Landschaft ○ Wandern ○ Freizeit ● Dauer
● Kultur ○ Radeln ○ Kinder 1 Std.

Wenn schon am Ferchensee, dann auch gleich nach Elmau, denn das verstreute Dorf mit seinem Schloss ist von dort nur etwa 3 km entfernt und auf stillen Waldwegen gut erreichbar. Kunstgeschichtlich ist das Schloss zwar nicht von Bedeutung, dafür aber war es schon früher ein Treff der Anhängerschaft um den Kulturphilosophen Johannes Müller. Und auch heute ist es noch als eine Art »Kulturhotel« oder als Tagungsort beliebt. Per Auto kann man von Klais aus nach Elmau fahren.

EINKEHRMÖGLICHKEITEN

Wallgau:
Zur Post (ohne, B)

Mittenwald:
Alpenrose (ohne)
Wirtshaus am Platzl (Mi)
Lautersee (ohne, T)
Ferchensee (Do, T)
Tonihof (Mi, T)

Elmau:
Alpengasthof Elmau (ohne, B)

Scharnitz:
Risserhof (ohne, T)

Karwendeltal:
Larchetalm (ohne, S)

22 Mittenwald

7 Zum Schachenhaus**
- Landschaft
- Kultur
- Wandern
- Radeln
- ○ Freizeit
- ○ Kinder
- ● Dauer *6 Std.*

Wer sich entschließt, zum 1866 m hoch gelegenen Schachenhaus aufzusteigen, dringt in alpine Regionen vor. Schachenweg oder Königsweg nennt sich das Forststräßchen, das von Elmau aus auf etwa 10 km direkt zum Schachenhaus hinaufführt.

König Ludwig II. ließ das Jagdhaus 1871 in einer dramatischen Gebirgsszenerie unterhalb der Dreitorspitze und hoch über dem Reintal erbauen und soll hier viele Geburtstage gefeiert haben. Von außen zeigt sich das Schachenhaus nur als schlichter Holzbau. Überraschung aber verspricht das Innere. Die Ausstattung ist in prunkvoll orientalischem Stil gehalten und unbedingt sehenswert (Juni–Sept. tgl. 8–13 und 14–18 Uhr).

Die anstrengende Wanderung lohnt noch in anderer Hinsicht: Am Schachen befindet sich auch ein interessanter **Botanischer Alpengarten,** in dem mehr als 1600 Bergpflanzenarten aus Europa, Asien, der Arktis und aus Nordamerika gedeihen.

8 Von Wallgau zum Barmsee*
- Landschaft
- ○ Kultur
- Wandern
- ○ Radeln
- ○ Freizeit
- ○ Kinder
- ● Dauer *2,5 Std.*

Die Strecke Wallgau–Barmsee ist ein Genuss besonderer Art! Sie ist vollkommen eben und verkehrsfrei, wobei die Gipfel und Wände von Karwendel- und Wettersteingebirge ein Bilderbuchpanorama liefern.

Hinaus geht es von Wallgau auf der Barmseestraße, weiter zum Ortsteil Barmsee, von dort um den Barmsee herum. Beim Passieren des Strandbades auf der Westseite beachte man das faszinierende Bild mit den Karwendelwänden im Hintergrund. Von Strandbad aus führt der Weg am so genannten Herzhäusl vorbei und bringt sie schließlich wieder zurück nach Wallgau (10 km).

FREIBÄDER

Badeplätze und Strandbäder an Lauter-, Ferchen- und Barmsee
Ein Freibecken im Hallenbad Mittenwald

HITS FÜR KIDS

Mittenwald:
Heimatmuseum und Obermarkt
Bogenschießen in der Sportanlage Riedboden (Südrand Mittenwald, Hauptsaison Do 17–18 Uhr)
Kutschfahrten (Tel. 08823/1686, 1675 und 92700)
Minigolf (nur Saison) Eingang Ferchenseestraße
Reiten im Reiterhof Elmau (Tel. 08823/5821 oder 5017)
Ruderbootfahren auf dem Ferchen- und Lautersee
Gang zur Leutaschklamm
Aussichtspunkte Kranzberg und Westliche Karwendelspitze
Strandbäder und Badeplätze am Lauter- und Ferchensee
Wanderung zum Tonihof

Wallgau:
Baden am Barmsee
Minigolf am »Haus des Gastes«

Oberbayern/Südwest

TOP EVENTS

Mittenwald:
Traditionelles Treiben am »unsinnigen Donnerstag« (Weiberfasching) nach alten Ritualen

Wallgau:
Fronleichnamsprozession
Erntedankfest im Oktober

»Traumlandschaft Mittenwalder Buckelwiesen«: Sanfte Hänge, verstreute Heustadel und eine hinreißende Felskulisse.

9 Über die Mittenwalder Buckelwiesen**

● Landschaft ● Wandern ○ Freizeit ● Dauer
○ Kultur ○ Radeln ○ Kinder 1–2 Std.

Die im Tal wahrscheinlich schönste Wander- und Aussichtsregion Mittenwalds sind die Buckelwiesen, ein gewelltes Wiesengelände mit verstreuten Heustadeln. Sie zählen zu den letzten großflächigen Mähderlandschaften Mitteleuropas und stellen den größten Restbestand an Buckelfluren im gesamten Alpenraum dar. Die blumenreichen Wiesen werden traditionell genutzt, das heißt, nicht gedüngt und nur einmal im Jahr von Hand gemäht. Im Frühjahr sind sie mit blauem Enzian und anderen seltenen Pflanzen übersät. Das Projekt »Mittenwalder Buckelwiesen« hat 1999 den ersten Preis beim »Henry Ford European Conservation Award 1999« in der Kategorie Naturschutz gewonnen. Die Wanderwege in dieser Region sind zahlreich, so dass keine besondere Route vorgeschlagen wird.

Starten Sie am besten am oder nahe dem Schmalsee und streben Sie als Ziel den Tonihof an. Karwendel- und Wetterstein auf einen Blick – das ist einer der prächtigsten Aussichtspunkte am Nordrand der Alpen. Auf der Terrasse des Tonihofs schmecken Kaffee und Kuchen!

22 Mittenwald

10 Radeln ins Karwendeltal**
● Landschaft   ○ Wandern   ○ Freizeit   ● Dauer
○ Kultur   ● Radeln   ○ Kinder   2–3 Std.

Das naturgeschützte und verkehrsfreie Karwendeltal führt von Scharnitz aus auf einer Länge von 16 km ins Karwendelgebirge bis zum Karwendelhaus. Der Höhenunterschied zur Angeralm beträgt rund 400 m und zum Karwendelhaus 800 m. Was dieses Hochgebirgstal zum Erlebnis macht, sind die überwältigenden Ausblicke auf die Gipfel und Felsmauern. Zur Südseite hin gehören sie zum Hauptkamm des Karwendel mit der Birkkarspitze (2749 m) als höchstem Punkt des Gebirges überhaupt, auf der Nordseite zur Nördlichen Karwendelkette, unter anderem mit der Östlichen Karwendelspitze (2538 m).

Um die Mühen zu begrenzen, starten Sie Ihre Radltour am besten im österreichischen Scharnitz (6 km südl. Mittenwald). Direkt vor der Kirche geht es auf Hinterautalstraße, Auweg und Isarpromenade zum Gästeheim Helga und weiter zum Eingang des Karwendeltals. Die Forststraße steigt etwa 1 km lang steil an, verläuft noch ein Stück durch Bergwald und gibt dann den Blick frei. Zur Larchetalm sind es gut 8 km, zur Angeralm ca. 12 km, davon rund 5 km Steigungen.

Das Karwendeltal östlich von Scharnitz fasziniert mit seinen Felsgipfeln und eigenwilligen Farb- und Lichtstimmungen.

Oberbayern/Südwest

23 In der Eng

Auftakt zu dieser Tour ist der voralpine Ort Lenggries, der Wanderern und Skifahrern als Startpunkt für Touren am Brauneck bekannt ist. Von dort geht es weiter nach Süden Richtung Karwendelgebirge.
Vorbei am Sylvenstein-Stausee, der das Dorf Fall verschlungen hat, führt der Weg ins Rissbach- und Engtal, also mitten ins gewaltige Karwendelgebirge. Einen landschaftlichen Höhepunkt erreichen Sie im Naturpark Großer Ahornboden, der zu den schönsten Hochtälern der Alpenregion gehört. Besonders ab Hinterriss zeigen sich unbeschreiblich schöne Landschaftsbilder, die den Ausflug zu einem besonderen Erlebnis für Jung und Alt machen.
Hier die Freizeitziele zu Ihrer Auswahl:

23 In der Eng

1 Halt in Lenggries
○ Landschaft ○ Wandern ● Freizeit ● Dauer
● Kultur ○ Radeln ● Kinder *1 Std.*

Auf dem Weg in die Eng passiert man den einstigen Flößerort Lenggries, wo sich ein Rundgang empfiehlt: Besuchenswert ist ***St. Jakob**, die stattliche Pfarrkirche von 1722. Aus dieser Zeit stammen auch die Altäre der Seitenkapellen, die Kanzel und die Deckengemälde. Die übrige Ausstattung entstand später. Im **Tiermuseum** (tgl. 10–16 Uhr) am Bergweg 12 findet sich eine Sammlung von rund 2000 präparierten Vögeln und Säugetieren aus Mitteleuropa. Das Erlebnisbad **Isarwelle** verwöhnt mit diversen Einrichtungen, darunter ein Erlebnisbecken, Whirlpools und ein 31 Grad warmes Außenbecken. 1,5 km südlich von Lenggries liegt **Schloss Hohenburg** (18. Jh.). In der Schlosskapelle befindet sich ein schöner Rokokoaltar. Heute ist in dem Schloss, dessen drei Fügel einen Hof umfassen, ein Mädchen-Gymnasium mit Internat untergebracht.

2 Zum Brauneck*
● Landschaft ● Wandern ○ Freizeit ● Dauer
○ Kultur ○ Radeln ○ Kinder *3 Std.*

Wer den Ausflug schon in Lenggries beenden möchte, kann eine schöne und leichte Bergwanderung zum Brauneck machen. 1555 m ist es hoch und als Wanderberg und Skiregion gleichermaßen beliebt. Ausgangspunkt ist die Talstation der Brauneck-Bergbahn. Die teilweise recht steile Route führt über die bewirtschaftete Reiser-Alm und über den Garland-Kessel zur Bergstation und noch ein paar Schritte hoch zum Gipfel. Dort erwartet Sie eine herrliche ****Fernsicht,** die vom Wendelstein bis zur Zugspitze und hinein zum Hauptkamm der Alpen reicht. Im Norden sieht man das Tölzer Land und einige der großen Voralpenseen. Beste Erholung nach dem zweistündigen Aufstieg garantiert die sonnige Aussichtsterrasse des Gipfelhauses.

ANFAHRT

A 8 oder B 13 bis Holzkirchen, dann auf der B 13 weiter über Bad Tölz nach Lenggries

INFORMATION

Lenggries (gilt auch für Sylvensteinsee und Vorderriss):
Tel. 080 42 / 50 08 20

Hinterriss/Eng:
Tourismusverband Vomp/Tirol
Tel. 00 43 / 52 42 oder 626 16

EMPFOHLENE KARTEN

Kompass Wanderkarte
1 : 50 000, Blatt 182 Isarwinkel;

Top. Karte 1 : 50 000, Blatt Karwendelgebirge, Werdenfelser Land, Bayerisches Landesvermessungsamt München

Oberbayern/Südwest

EINKEHRMÖGLICHKEITEN

Lenggries:
Altwirt (Mo, B)

Fall:
Faller Hof (Fr, T);

Vorderriss:
Zur Post (Do, B)
Oswaldhütte (ohne, T)

Hinterriss:
Zur Post (ohne, T)

Übriges Risstal:
Unter anderem Weitgriesalm, Alpenhof, Fuggerangeralm und Garberalm

Eng:
Alpengasthof Eng (ohne, T)

Auf dem sommers wie winters vielbesuchten Bergplateau bieten sich ab Bergstation schöne ***Almwanderungen** (markiert) mit örtlich prächtigen Ausblicken an. So ein Panoramaweg (30 Min.) zur Tölzer Hütte, eine kleine (1 Std.) und eine große (3 Std.) Höhenwanderung sowie ein Rundgang (2 Std.) über Panoramaweg, Tölzer Hütte, Quengeralm und Florianshütte.

3 Sylvenstein-Stausee*

● Landschaft ○ Wandern ○ Freizeit ● Dauer
○ Kultur   ○ Radeln   ○ Kinder   *1 Std.*

Rund 10 km südlich von Lenggries breitet sich der 6 km² große und bis 40 m tiefe Sylvensteinspeicher in drei fjordähnlichen Armen aus. Sein Bau 1959 diente einem doppelten Zweck: Stromgewinnung für die Stadt Bad Tölz und Hochwasserregulierung. Dabei musste das alte Jägerdorf Fall – das durch Ludwig Ganghofers Roman »Der Jäger von Fall« bekannt geworden war – samt Kirche und etlichen Hektar Bergwiesen den Fluten weichen.

Am Südufer entstand ein neuer Ort und hier gibt es auch Badeplätze. Surfer und Segler finden auf dem See ebenfalls ein Revier.

Karwendellandschaft vom Feinsten: Das Engtal mit Großem Ahornboden vorne und imposanten Gebirgsstöcken dahinter.

23 In der Eng

Spätwinterliche Atmosphäre und Farbspiele am Sylvensteinsee kurz vor dem Dorf Fall.

4 Rissbachtal und Großer Ahornboden
● Landschaft ○ Wandern ○ Freizeit ● Dauer
● Kultur   ○ Radeln   ○ Kinder   1 Std.

Rund 8 km westlich von Fall liegt Vorderriss, wo der bayerische Dichterfürst Ludwig Thoma seine Kinderjahre verbrachte. Dort beginnt die Fahrt ins Rissbachtal. Auf den ersten 11 km öffnen sich schon vereinzelt Blicke auf Karwendelmassive, dann erreicht man **Hinterriss.** Der Ort ist die einzige ganzjährig bewohnte Siedlung im Karwendel und sein Jagdschloss (19. Jh.) bevorzugter Aufenthaltsort der belgischen Königsfamilie.

Ab Hinterriss wird es spektakulär! Bis zu den Hagelhütten (9 km) entfaltet sich eine landschaftliche Pracht, die kaum zu überbieten ist: In der Talmitte der blaugrüne Rissbach, flankiert von grünen Almhängen, und im reizvollen Kontrast dazu die hellgrauen Felsgipfel und Steinwände, die an der Westseite (Falkgruppe und Gamsjochmassiv) und im Talschluss (Schaufel- und Bettlerkarspitze) schroff aufragen. Nach den **Hagelhütten,** die so heißen, weil man in dieser Gegend unversehens von heftigen Gewittern überrascht werden kann, geht das Risstal ins Engtal über. Dieser letzte Abschnitt ist rund 4 km lang, steigt permanent an und endet »in der Eng«. Ein Großparkplatz und Gastbetriebe deuten an, dass hier oft ziemlicher Andrang herrscht.

FREIBÄDER

Erlebnisbad Isarwelle in Lenggries
Badeplätze am Sylvensteinsee

HITS FÜR KIDS

Lenggries:
Besuch im Tiermuseum oder im Erlebnisbad
Kutschfahrt (Anmeldung im Verkehrsamt)
Minigolfanlage »GERG« in der Schützenstraße
Schlauchbootfahrt von Fleck 3 km südlich Lenggries nach Bad Tölz (Info und Anmeldung im Verkehrsamt)

Fall:
Sylvenstein-Stausee

Hinterriss/Eng:
Rissbach- und Engtal
Naturpark Großer Ahornboden
Wanderung ins Laliderer Tal
Gang zu den Eng-Almen

Oberbayern/Südwest

Prachtvolle Landschaft und Einsamkeit findet man in den Seitentälern des Karwendel, wie hier im Laliderer Tal.

Zwei Aspekte sind in der Eng besonders erwähnenswert: Zum einen die herrlichen Ausblicke auf Lamsenspitze und Spritzkarspitze im Talschluss. Zum anderen der Naturpark *Großer Ahornboden, der von uralten Ahornbäumen bestanden ist und als schönstes Hochtal dieser Alpenregion gilt. Malerisch zeigt sich das Bild im Herbst, wenn das Laub bunt gefärbt ist und die Felsmassive mit dem ersten Schnee »überzuckert« sind. Viele der alten Bäume weisen leider schon Schäden auf, doch wird der Park regelmäßig nachgeforstet.

5 Karwendel-Seitentäler*

● Landschaft ● Wandern ○ Freizeit ● Dauer
○ Kultur   ○ Radeln   ○ Kinder   je 1–2 Std.

Einen Nachteil haben Riss- und Engtal: Sie werden im Sommer von einer wahren Ausflugslawine überrollt. Wer dem entfliehen will, sollte in die Seitentäler ausweichen. Das geht nur zu Fuß und vermindert so den Andrang erheblich. Empfehlenswert sind unter anderem zwei Wanderungen:

Ins *Johannestal, dem Einschnitt zwischen Falkgruppe und den Stuhlkopfgipfeln. Zugang kurz nach der Fuggerangeralm über den Rissbachsteg. Nach 500 m Anstieg erwarten uns gleich zwei Naturschauspiele: Die senkrecht abbrechende und tiefe Felsschlucht des Johannesbachs (Vorsicht – keine Sicherung!) und der grandiose Ausblick auf die Gipfelreihe im Talschluss. Auf dem folgenden Wegstück wiederholt sich dieses Panorama. Lust und Kondition bestimmen den Zeitpunkt zum Umkehren.

Ins **Laliderer Tal zwischen Falk- und Gamsjochmassiv. 2 km nach der Garberalm beginnt an einem Parkplatz mit Bushaltestelle der Aufstieg. Nach 15 Minuten mündet man in den Hauptweg und kurz danach öffnet sich das Tal. Der Blick auf die Laliderer Wände im Talschluss und auf Falkgruppe und Gamsjoch an den Seiten ist großartig. Auch hier kann man die Streckenlänge individuell bestimmen.

23 In der Eng

6 Radtour in die Eng**
- Landschaft ○ Wandern ○ Freizeit • Dauer
- ○ Kultur • Radeln ○ Kinder 2–4 Std.

Radlfans erobern das Engtal per Bike, sollten dafür aber die etwas ruhigere Zeit bis Anfang Juli wählen. Dann wird die Radtour durch Rissbach- und Engtal zum Erlebnis. Wer in Vorderriss startet, fährt hin und zurück etwa 50 km, ab Hinterriss nur etwa 28 km. Zu bedenken ist, dass fast der gesamte Hinweg leicht bis mäßig ansteigt, dafür rollt das Rad auf der Rückfahrt meist von alleine.

7 Zu den Eng-Almen*
- Landschaft • Wandern ○ Freizeit • Dauer
- ○ Kultur ○ Radeln • Kinder 1 Std.

Wer mit dem Auto in der Eng gefahren ist und dort noch einen Spaziergang machen möchte, kann zu den rund 1 km entfernten Eng-Almen hinüberlaufen. Sie sind das größte Alm-Dorf Tirols, besitzen eine eigene Natur-Käserei und halten viele Rinder auf den Weiden. Begleitet wird der Spaziergang von einzigartigen Gebirgsbildern!

TOP EVENTS

Lenggries:
Fronleichnamsprozession
Sommerfestwoche im August

Engtal:
Traditioneller Kirchtag an den Eng-Almen Mitte bis Ende September

Auch an den Eng-Almen präsentiert sich eine Gebirgslandschaft von ausnehmender Schönheit.

Oberbayern/Südwest

24 Jachenau

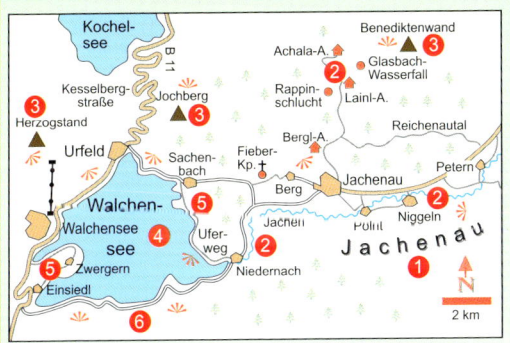

Höhepunkte dieser Tour sind die reizvolle Jachenau, und der von Bergen umschlossene Walchensee. Hier die Freizeitziele zu Ihrer Auswahl:

ANFAHRT

B 13 über Holzkirchen, Bad Tölz und Lenggries, dann rechts ins Jachenautal bis Jachenau Ort

INFORMATION

Jachenau:
Tel. 08043/368

Walchensee:
Tel. 08858/411

1 Info Jachenau*
● Landschaft ○ Wandern ○ Freizeit ○ Dauer
○ Kultur   ○ Radeln   ○ Kinder

Die Jachenau ist ein Hochtal von herbem Reiz, das vom Kloster Benediktbeuren bereits im 12. Jh. gerodet wurde. Sie erstreckt sich am Fuße der Benediktenwand in Ost-West-Richtung und wird vom Jachen durchflossen. Die Tallänge vom Walchensee bis zur Mündung des Jachen in die Isar beträgt 17 km, die Höhenlage 680 bis 800 m. Attraktivster Teil des gering besiedelten Tals ist ein Streifen zwischen Petern und Jachenau mit parkartigem Wiesengrund und verstreut gelegenen Höfen und Weilern.

2 Im Jachental*
○ Landschaft ● Wandern ○ Freizeit ● Dauer
○ Kultur   ○ Radeln   ○ Kinder   2–4 Std.

Die Jachenau ist im Winter eine schöne Langlaufregion und im Frühling bis Herbst beliebtes Wanderrevier. Die Wege sind still und einsam, dafür oft auch etwas anstrengender. Die folgenden drei Wanderungen bringen Ihnen diese Gegend ein Stückchen näher:

24 Jachenau

***Im Jachengrund:** Der Weg führt 100 m östlich des Gasthofes Jachenau über Setzplatz, Point, Erbhof und Fleck nach Niggeln und weiter im Zuge des Jachen bis Petern. Der Rahmen: unverfälschte Bauernhofidylle und sympathische Landschaft. Zurück geht es auf gleicher Strecke oder durch das Reichenautal ab Petern. In diesem Fall bringt uns die Route über die Bergl-Alm wieder nach Jachenau zurück (15 km, 4 Std.).

***Zum Walchensee:** Vom Ort Jachenau geht es Richtung Niedernach auf Mautstraße oder parallelem Waldweg J 4 (stellenweise verwildert). Ab Niedernach verläuft die Route am Ostufer des Walchensees bis Sachenbach. Dort wendet man sich nach Osten (J 5/E 4), verlässt nach 2 km die Teerstraße und gelangt an der Fieberkapelle vorbei über Berg wieder zurück nach Jachenau. Die schönsten Abschnitte dieser Strecke sind der ****Walchensee-Uferweg** (4 km lang), sicher eine der attraktivsten Uferpassagen Oberbayerns, sowie die Hochtäler östlich von Sachenbach und von Berg bis Jachenau (rund 14 km, 3,5 Std.).

***Rappinschlucht und Wasserfall:** 400 m östlich des Gasthofes Jachenau führt eine Schotterstraße nach Norden hoch und an der Bergl-Alm vorbei zu einer Wegegabel. Links erreicht man nach weiteren 2 km den beschilderten Eingang zur Rappinschlucht. Wer sie sehen möchte, muss halbwegs trittsicher und schwindelfrei sein, denn der schmale Pfad am Steilhang ist nicht durch Seile oder Absperrungen gesichert. Nach 15 Minuten Gehzeit öffnet sich ein schöner Ausblick in das tief eingeschnittene Tal der Rappinlaine mit einem kleinen Wasserfall.

Leichter geht es auf der Forststraße 400 m weiter bis zur Lainl-Alm, wo ein Pfad (10 Min. Gehzeit) zum Wasserfall des Glasbaches am Fuße der Glaswand führt (ab Jachenau hin und zurück 8–9 km, gut 2 Std.).

EMPFOHLENE KARTEN

Kompass Wanderkarte 1:50 000, Blatt 6 Walchensee, Wallgau–Krün;

Top. Karte 1:50 000, Blatt Bad Tölz–Lenggries und Umgebung, Bayerisches Landesvermessungsamt München

Blick auf den Glasbach-Wasserfall nördlich der Lainl-Alm

Oberbayern/Südwest

Das urwüchsige Dorf Jachenau, idealer Ausgangspunkt für Tal- und Bergwanderungen.

3 Bergwanderungen**

● Landschaft ● Wandern ○ Freizeit ● Dauer
○ Kultur ○ Radeln ○ Kinder 3–8 Std.

Drei Gipfel sind in dieser Gegend besonders beliebt: die Benediktenwand, der Jochberg und der Herzogstand.

Die **Benediktenwand** (1801 m) ist ab Ort Jachenau (790 m) in 3 bis 4 Stunden zu erreichen. Der Weg führt über Lainl-Alm und Glasbach-Wasserfall (siehe 2) ohne kritische Passagen hoch. Oben genießt man einen prächtigen Rundblick, der vom Kaisergebirge bis zu den Allgäuer Alpen und vom Ostallgäu bis zum Chiemgau reicht.

Auch der **Jochberg** (1569 m) wird ob seiner Aussicht gerühmt. Hier sieht man die ganze Kette der Zentralalpen und nach Norden nicht weniger als sieben große Seen des Vorlandes, so auch Walchen- und Kochelsee. Der beliebteste Weg führt vom Kesselbergsattel (JO) steil nach oben (1,5–2 Std., 710 Höhenmeter). Länger (2–3 Std., 780 Höhenmeter) und einsamer der Aufstieg von Jachenau aus (J 5/JO 2). Beide Routen erfordern etwas Trittsicherheit.

Der **Herzogstand** (1731 m) brachte es gar zum Lieblingsberg Ludwigs II. Sein Gipfelpanorama ist mit dem des Jochbergs vergleichbar, vielleicht sogar noch etwas eindrucksvoller. Der Aufstieg (2–3 Std.) beginnt nahe der Talsta-

24 Jachenau

tion der Herzogstandbahn, führt steil nach oben (930 Höhenmeter) und passiert einige kurze seilgesicherte Stellen, für die Sie halbwegs trittsicher und schwindelfrei sein sollten. Unbedingte Voraussetzung ist das, wenn man noch die 2 km lange Gratwanderung vom Herzogstand hinüber zum **Heimgarten** (1790 m) unternehmen möchte.

Der Walchensee**
● Landschaft ○ Wandern ○ Freizeit ○ Dauer
○ Kultur ○ Radeln ○ Kinder

Der einstige Gletschersees ist mit über 16 km² Fläche größter Gebirgssee Oberbayerns und neben dem Königssee auch der tiefste (196 m). Beständige Winde machen ihn zum beliebten Surf-Revier, doch erwirbt er sich zunehmend auch als Badesee einen Namen, trotz relativ kalten Wassers. Bezaubernde Ausblicke auf den türkisfarbenen See bieten sich an allen Ufern, vor allem aber von Norden mit den Karwendelgipfeln im Hintergrund. Nicht erst unsere Generation hat ihre Liebe zum Walchensee entdeckt: Goethe machte auf seinen Italienreisen hier Halt, der Maler Lovis Corinth verewigte den See schon in seinen Bildern, und König Ludwig II. weilte häufig zum Wandern und Jagen in der Gegend.

EINKEHRMÖGLICHKEITEN

Jachenau:
Jachenau (Di, T)
Zur Post (Mo, B/G)

Niedernach:
Waldschänke (Do & Fr, T)

Walchensee:
Schwaigerhof (ohne, T)
Café Bucherer (ohne, T/G)

Einsiedl:
Gasthof Einsiedl (Di, B)

FREIBÄDER

Zahlreiche Badeplätze am Walchensee

Die Ausblicke vom Ufer des Walchensees sind ein Genuss, wie hier bei Niedernach Richtung Estengebirge

Oberbayern/Südwest

HITS FÜR KIDS

Jachenau:
Wanderung zum Glasbach-Wasserfall
Aussicht vom Jochberg
Gang auf dem Uferweg zwischen Sachenbach und Niedernach

Walchensee:
Bootfahren auf dem Walchensee
Baden im Walchensee
Minigolf an der Seestraße
Wandern auf der Halbinsel Zwergern
Surfbrettverleih an der Seestraße und in Einsiedl
Auffahrt zum Aussichtsberg Herzogstand

TOP EVENTS

Jachenau:
Fronleichnamsprozession (bei schönem Wetter Do und So)

5 Wandern am See*
○ Landschaft ● Wandern ○ Freizeit ● Dauer
○ Kultur ○ Radeln ○ Kinder 1,5–3 Std.

Starker Andrang und Verkehr schränken die Wandermöglichkeiten am See erheblich ein. So bleiben letztlich nur zwei Routen, die dafür umso genussvoller sind:

**Urfeld bis Niedernach (3 Std.): Der Weg zieht sich ab Urfeld stets am Ostufer des Sees entlang bis Niedernach und öffnet Schritt für Schritt bildschönes Walchensee-Panorama. Nach einer Stärkung in der Waldschänke geht man am besten auf gleicher Strecke zurück, denn dieses Landschaftsbild wird auf keiner anderen Route mehr geboten (etwa 12 km).

*Um die Halbinsel Zwergern (1,5 Std.): Start ist in Einsiedl. Zunächst geht es über den Höhenrücken (Katzenkopf) auf die Nordseite der Halbinsel, dann am Ufer entlang über Klösterl bis Zwergern und von dort nach Einsiedl zurück. Das sind nur gut 5 km, die sich mit weiten Ausblicken auf See, Berge und den Ort Walchensee auszeichnen. Beachtenswert sind das Kirchlein St. Margareth von 1344, älteste Kirche am See und das 1689 erbaute Klösterl.

6 Radeln am Walchensee**
● Landschaft ○ Wandern ○ Freizeit ● Dauer
○ Kultur ● Radeln ○ Kinder 3 Std.

Trotz 5 km Fahrt auf der verkehrsreichen B 11 ist eine Radtour rund um den Walchensee ein heißer Tipp! Sie können in Jachenau beginnen, über Niedernach und Sachenbach (Schiebestrecke von 2 km am Ostufer!) nach Urfeld radeln und von dort auf der B 11 bis zum Ort Walchensee. Nach Umrundung der Halbinsel Zwergern geht es am Südufer des Sees wieder über Niedernach nach Jachenau zurück. Diese Strecke ist insgesamt etwa 35 km lang (3 Std.), weist nur wenige Steigungen auf und erschließt mit herrlichen Ausblicken den ganzen Zauber des großen Alpensees!

25 Bad Tölz

Schon auf dem Weg nach Bad Tölz bieten sich Abstecher und Wanderungen an. In der angesehenen Kurstadt selbst fällt die Wahl schwer. Ob historisches Zentrum, Heimatmuseum, Kirchen oder Erlebnisbad – die Isarstadt hat einiges in petto. Hier die Freizeitziele zu Ihrer Auswahl:

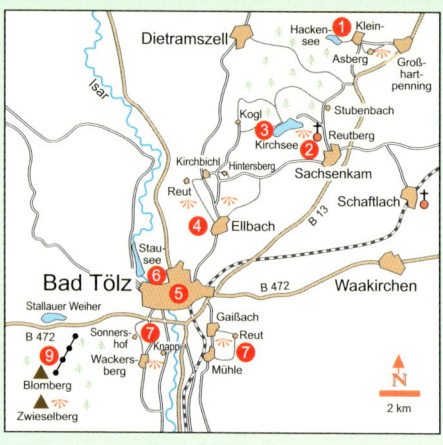

1 Zum Hackensee*

○ Landschaft ● Wandern ○ Freizeit ● Dauer
○ Kultur ○ Radeln ○ Kinder *2 Std.*

Etwa 4 km südlich von Holzkirchen lädt das Dorf Großhartpenning zu einer schönen Wanderung (8 km) ein. Auf der Moosstraße geht es nach Norden und über den Aussichtshügel hinweg zu einer kleinen Teerstraße. Hier gelangt man links nach Kleinhartpenning und dort den Schildern nach zum Hackensee. Dieser kleine Badesee ist reizvoll in Wald eingebettet und teilweise mit Seerosen bedeckt. Nach einem Rundgang geht es zurück bis Kleinhartpenning und von dort über Asberg (Aussicht!) wieder nach Großhartpenning.

2 Im Kloster Reutberg*

○ Landschaft ○ Wandern ● Freizeit ● Dauer
● Kultur ○ Radeln ○ Kinder *1 Std.*

Besonderheit der *Klosterkirche Mariä Verkündigung** (1735) im Franziskanerinnenkloster Reutberg ist ein enges, dunkles »Loreto-

---

ANFAHRT

A 8 oder B 13 bis Holzkirchen, weiter auf der B 13 bis Großhartpenning beziehungsweise Sachsenkam/Reutberg

INFORMATION

Landratsamt Bad Tölz-Wolfratshausen:
Tel. 08041/5052 06

Bad Tölz:
Tel. 08041/7867-0

Oberbayern/Südwest

EMPFOHLENE KARTE

Topographische Karte 1:50 000, Blatt Bad Tölz–Lenggries und Umgebung, Bayerisches Landesvermessungsamt München

haus« (Vorbild Loreto in Italien) mit prächtigem Hochaltar und Gnadenbild. Noch mehr Anziehungskraft hat freilich das Bräustüberl mit **Biergarten**, in dem zur Brotzeit eine herrliche Aussicht auf das Karwendelgebirge geboten wird.

3 Zum Kirchsee*
○ Landschaft ● Wandern ○ Freizeit ● Dauer
○ Kultur ○ Radeln ○ Kinder 1,5–3 Std.

Reutberg erweist sich auch als guter Ausgangspunkt für Wanderungen. Unter den Zielen der Umgebung ist der Kirchsee das attraktivste. Der Moorsee ist 1 km lang, bis 500 m breit und bis zu 15 m tief. Die Strecke von Reutberg zum See ist nur 1,5 km lang. Daher empfiehlt es sich, nach Norden bis Stubenbach auszuholen und dort links über die Brücke in den Wald abzuzweigen (S 3 Richtung Kirchsee und Dietramszell). Nach 1 km eine Gabelung, dort links (S 3) und wieder 1 km weiter eine Kreuzung, hier links zum See und dort am Nordufer zurück zum Kloster (6 km, 1,5 Std.). Wem das zu wenig ist, der biegt an der besagten Kreuzung im Wald rechts ab (gelber und blauer Pfeil, auch S 5) und erreicht nach 3 km stiller Waldpassage den Weiler Kogl. 300 m südlich davon geht links der Weg (S 5) zum Kirchsee und zum Kloster ab (11 km, 3 Std.).

Erste Anlaufstelle für viele, die ins Elbacher Moos wollen, ist der Biergarten des Jägerwirts in Kirchbichl (2 km nördlich von Elbach).

4 Ins Elbacher Moos*
○ Landschaft ● Wandern ● Freizeit ● Dauer
○ Kultur ○ Radeln ○ Kinder 2 Std.

Kirchbichl ist Ausgangspunkt für schöne ***Wanderungen**. Eine der beliebtesten führt durch das Elbacher Moos. Die 8 km lange Route (2 Std.) verläuft mit Symbol K 11 zuerst Richtung Reut, dann nach Süden bis Elbach. Dort geht es am Ostrand auf der Reutbergstraße wieder hinaus und durch Filzlandschaft (K 13) nach Kirchseemoor. Nun muss man 1 km auf der Straße bleiben, bevor es rechts über Hintersberg nach Kirchbichl zurückgeht.

25 Bad Tölz

Die pittoreske Marktstraße in Bad Tölz, wohl einer der schönsten Straßenzüge in Südbayern.

5 Rundgang in Tölz*

○ Landschaft	○ Wandern	● Freizeit	● Dauer
● Kultur	○ Radeln	● Kinder	*2 Std.*

1160 erstmals erwähnt, erhielt der Ort dank günstiger Lage an Isar und Salzstraße in den folgenden Jahrhunderten große wirtschaftliche Bedeutung. 1453 vernichtete ein Brand Teile des Ortes. Nach Entdeckung einer Jodquelle 1845 entwickelte sich Tölz zum Kurort, erhielt 1899 das Prädikat »Bad« und wurde sieben Jahre später zur Stadt erhoben. Dementsprechend besitzt Bad Tölz eine Altstadt östlich der Isar und das Kurviertel auf der Westseite.

Die historische **Marktstraße** zählt zu den schönsten Straßenzügen Bayerns. Sie wird flankiert von bemalten, stuckverzierten Häusern (meist 15.–18. Jh.) mit vorstehenden Giebeldächern. Im oberen Teil trifft man auf das Winzerer-Denkmal von 1887 und im unteren Teil auf den Marienbrunnen. Die Straße ist heute Fußgängerzone. Sehenswert sind auch die Tölzer Kirchen: *Mariä Himmelfahrt* besitzt einen spätgotisch geprägten Innenraum mit meist neugotischer Ausstattung. Älter sind die Marienfigur im Chorbogen (1611), die Grabsteine und die Einrichtung der Winzererkapelle. Die *Mühlfeldkirche,* ein Neubau von 1737 mit freundlichem Innenraum, nennt unter anderem stuckumrahmte Deckenfresken (im Chor von Matthäus Günther) und dekorative Altäre ihr Eigen.

EINKEHRMÖGLICHKEITEN

Großhartpenning:
Neuwirt (Mo, T)

Kleinhartpenning:
Schreinerwirt (Mo & Di, G)

Reutberg:
Bräustüberl (ohne, B)

Kirchbichl:
Jägerwirt (Mo & Do, B)

Bad Tölz:
Kolberbräu (ohne)
Zum Oberbräu (ohne, B)

Gaißach:
Zum Zachschuster (Di, T)

Wackersberg:
Altwirt (Di & Mi, B)
Neuwirt (Do & Fr, T)

Stallauer Weiher:
Wiesweber (Mo & Di, B)

Oberbayern/Südwest

FREIBÄDER

Badeplätze am Hackensee, Kirchsee und Koglweiher (2 km nordöstlich Kirchbichl)
Alpamare und Freibad Eichmühle in Bad Tölz
Badeplätze am Stallauer Weiher

HITS FÜR KIDS

Baden am Hackensee, am Kirchsee und im Stallauer Weiher

Bad Tölz:
Gang durch die Marktstraße
Heimatmuseum
Erlebnisbad Alpamare
Minigolf am Berliner Platz
Segelfliegen in Tölz/Greiling 3 km östlich von Bad Tölz (Rundflüge Fr, Sa, So, Tel. 08041/780119)
Ballooning in Greiling (Tel. 08041/77155)
Reiten im Reitsporthof »Zum Blei« in Greiling (Tel. 08041/72424)
Klettergarten im California, Moraltpark, Lenggrieser Str. (Tel. 08041/711971)
Pferdekutschfahrt in Gaißach (Tel. 08041/8496)
Wanderung zum Kalvarienberg oder entlang der Isar
Auffahrt zum Blomberg und Abfahrt auf der Sommerrodelbahn

Das ****Heimatmuseum** in der Marktstraße (Di–Sa 10–12 und 14–16, Do bis 18 sowie So 10–13 Uhr) nimmt unter den oberbayerischen Museen einen Spitzenrang ein. Auf drei Etagen verteilt sind reichhaltige Sammlungen, unter denen die Leonhardifahrt, Stadtgeschichte, Tölzer Bauernmöbel und Wohnkultur sowie sakrale Kunst als Schwerpunkte herausragen.

Lohnend ist auch ein Besuch im **Kurviertel** westlich der Isar. Hauptachse bildet die Ludwigstraße, an der die Grünzonen des Kurparks und diverse Kureinrichtungen liegen. Dort herrschen Ruhe und Beschaulichkeit und gewährleisten einen erholsamen Spaziergang. Im Bäderteil liegt das ***Alpamare,** ein Erlebnisbad, das geheizte Becken im Freien besitzt, ein Brandungswellenbad, Sprudelfreibäder und nicht zuletzt eine große Anlage mit verschiedenen Rutschbahnen. Insgesamt stehen 2100 m^2 Wasserfläche zur Verfügung.

6 Tölzer Leonhardifahrt**
○ Landschaft ○ Wandern ○ Freizeit ○ Dauer
● Kultur ○ Radeln ○ Kinder

Mit sieben Wegkapellen, der Kirche Hl. Kreuz und der Leonhardikapelle ist der Kalvarienberg alljährlich am 6. November Ziel der Tölzer Leonhardifahrt. Sie ist dem Rosspatron Leonhard gewidmet und gilt als berühmtestes und farbenprächtigstes Kirchenfest des Oberlandes. Ab neun Uhr zieht die Wagenkolonne von der Ludwigstraße über Isarbrücke, Marktstraße, Jägergasse und Maierbräugasteig zum Kalvarienberg hinauf. Mehr als 80 geschmückte Tafel- und Truhenwagen sind besetzt mit der Geistlichkeit, dem Stadtrat sowie mit Frauen und Mädchen in ihrer kostbaren Tölzer Tracht. Gebirgsschützen, Vereine und Musikkapellen begleiten den Zug. Oben findet ein feierlicher Gottesdienst mit anschließender Segnung der Wallfahrer und Pferde statt. In der Marktstraße treten danach noch die »Goaßlschnalzer« auf, um die bösen Geister zu verjagen.

25 Bad Tölz

7 Tölzer Spaziergänge*
○ Landschaft ● Wandern ○ Freizeit ○ Dauer
● Kultur ○ Radeln ○ Kinder

Herbststimmung über der Altstadt von Bad Tölz, hier beobachtet vom Kalvarienberg aus, der alljährlich Ziel der Leonhardifahrt ist.

Isarspaziergang: Dieser Spaziergang (2 km, 30 Min.) führt ab Marktstraße über den Kalvarienberg zum Isarsteg vor dem Stausee und dort am Westufer der Isar zurück nach Tölz.

Rund um Gaißach: Noch aussichtsreicher, aber auch deutlich länger (9,5 km, 2,5 Std.) ist eine Wanderung, die auf Gaißacher Straße und Winet hochführt nach Gaißach (W 7), von dort über Reut nach Mühle (G 1) und zwischen Bahnlinie und Siedlung Langgeiser (W 8) entlang der Gaißach zur Stadt zurück. Die Aussicht auf das Karwendelgebirge sowie auf Brauneck und Benediktenwand ist großartig und die Landschaft gleicht einem großen Park.

Bis Wackersberg: Eine dritte Route (10 km, 2,5 Std.) verläuft zunächst am Westufer der Isar nach Süden, dann nach 4 km in Westrichtung (W 9) über Bibermühle steil nach Wackersberg hinauf und dort über Sonnershof (W 4) wieder hinunter in die Stadt. Der Isarlauf südlich von Bad Tölz mit seinen Schotterbänken ist eine naturkundliche Rarität, gilt dieser Abschnitt doch als einer der letzten noch fast wilden Flussläufe in Europa. Ebenfalls interessant für Naturfreunde ist die »Steinerne Rinne« oberhalb von Knapp an der Staatsstraße Bad Tölz–Arzbach. Dabei handelt es sich um einen

Oberbayern/Südwest

TOP EVENTS

Bad Tölz:
»Hinternationales Schnablerrennen« in Gaißach im Januar (Tel. 0 80 41 / 80 47 10)
Jahrtag der Tölzer Schützenkompanie im April und der Tölzer Trachtenvereine im Juni, jeweils mit Festumzügen
Fronleichnamsprozessionen in Bad Tölz, Wackersberg und Gaißach
Tölzer Frühjahrsmarkt im Mai und Herbstmarkt im Oktober
Tölzer Leonhardifahrt am 6.11. (falls der 6.11. ein Sonntag ist, findet das Kirchenfest am Samstag statt)

am Hang herablaufenden schmalen Tuffsteinrücken, der durch Ablagerungen aus Grundwasser einer Bergquelle entstanden ist. Vom grünen Ortsschild am Südrand von Knapp geht es rund 200 m geradewegs hinauf zum Waldrand.

8 Tölzer Knabenchor*

○ Landschaft ○ Wandern ○ Freizeit ○ Dauer
● Kultur ○ Radeln ○ Kinder

Der Chor mit seinen 130 bis 150 Buben ist durch zahlreiche internationale Auftritte weltweit bekannt. Schwerpunkt der musikalischen Palette ist das barocke Oratorium. Einmal im Monat, jeweils an einem Freitag, singt der Chor auch in Bad Tölz, und zwar im Kurhaus (Tourist-Information Tel. 0 80 41 / 78 67-0).

9 Zum Blomberg*

○ Landschaft ● Wandern ● Freizeit ● Dauer
○ Kultur ○ Radeln ● Kinder 2–3 Std.

Der Blomberg ist der Tölzer Hausberg. Sie können zum Blomberghaus hochfahren oder -laufen und zum *Zwieselberg* weitergehen (650 Höhenmeter, 5 km). Ziel kann aber auch die Mittelstation der Blombergbahn sein, wo eine der längsten *Sommerrodelbahnen* Bayerns (1226 m) zu einer Fahrt einlädt. Mit Kunststoffschlitten geht es durch Hochwald und Almwiesen rasant ins Tal (im Sommer tgl. 9–18, im Winter 9–16 Uhr).

Rasante Fahrt auf der Sommerrodelbahn am Blomberg ins Tal

Register

Achselschwang 38
Ahornboden 161, 162
Aidlinger Höhe 123
Alpsee 103
Altenstadt 116
Altomünster 55
Altusried 88
Ammerland 19
Ammermündung 33
Ammersee 31
Ammertal 132
Amperaue 49
Ampermoos 49
Amperschlucht 48
Andechs 29, 30
Arnzell (Keltenschanze) 56
Assenhausen 18
Aufkirchen 18

Bad Bayersoien 119
Bad Tölz 171, 172, 173
Balderschwang 70
Barmsee 155
Benediktbeuern 146
Benediktenwand 166
Berg (Starnb. See) 17
Berg (Polling) 109
Berghofen 73
Bernried und Bernr. Park 19
Beuerberg 12
Bichl 145
Bismarckturm 18
Blender 84
Blomberg 174
Brauneck 159
Breitachklamm 65
Buchendorf 23
Buckelwiesen 156
Burgberg 75

Dachau 52, 53
Dachauer Moos 50, 51
Deixlfurter Weiher 20
Dellinger Eichenallee 27
Dengelstein 87
Dießen 36, 37
Dröbling 29
Durach 88

Echelsbacher Brücke 118
Eching 38
Eibsee 142
Einödsbach 68
Eisenberg (Ruinen) 95
Elbacher Moos 170
Elmau (Schloss) 154
Eng-Almen 163
Eresing 39
Eschenlohe 134
Ettal 129
Euracher Moos 12

Falkenstein (Ruine) 91
Farchant 135
Fellhorn 68
Ferchensee 154
Fischen 62
Forggensee 90
Forsthaus Ilkahöhe 20
Forsthaus Kasten 23
Fürstenfeld (Kloster) 46
Fürstenfeldbruck 46
Füssen 96, 97, 98
Füssener Seenplatte 90

Gaißach 173
Garmisch 138
Garmisch-Partenkirchen 137
Gauting 24
Glentleiten 150
Grafrath 48
Grainau 140
Großberghofen 55
Großer Alpsee 72
Grünten 74
Gunzesrieder Tal 76

Habach 123
Hackensee 169
Haspelmoor 49
Herrsching 32
Herzogstand 166
Heuwinkl (Kirche) 14
Hinanger Wasserfall 75
Hindelang 77
Hinterriß 161
Hintersteiner Tal 79

Hirschbachtobel 78
Hirschberg (Pähl) 35
Höllentalklamm 141
Hofen-Kleinweiler 86
Hohenschwangau (Burg) 100
Hoher Peißenberg 113
Hopfensee 91

Iffeldorf 14
Ilkahöhe 20
Illerbeuren 88
Illerursprung 65
Immenstadt 71
Inning 38

Jachenau 164, 165
Jesenwang 48
Jexhof 49
Jochberg 166
Johannestal 162

Kaltenberg 40
Karlsburg 25
Karlsfelder See 51
Karwendeltal 157
Kempten 81, 82, 83
Kiental 33
Kirchsee 170
Kleiner Alpsee 72
Kleiner Pfaffenwinkel 54
Kleinwalsertal 66
Knottenried 72
Kochel 148, 149
Kochelsee 148
König-Ludwig-Weg 45
Königlich-Bayer. Radtour 45
Kramer-Plateau-Weg 144
Kranzberg 153

Laliderer Tal 162
Landsberg 40, 41, 42, 43
Lautersee 154
Lechfall 99
Lech-Höhenweg 45
Lenggries 159
Leutaschklamm 153
Leutstetten 25
Linderhof 130

Register

Loisachmoor 147
Loisachtal 134
Lorettokapellen 64

Maisinger Schlucht 22
Maisinger See 22
Maria Aich 112
Mariaberg 84
Maria Rain 94
Maria Steinbach 89
Maria Trost 94
Markt Indersdorf 56
Meiling 28
Mittenwald 151, 152
Mittersee 99
Murnau 124, 126, 127
Museum der Phantasie 20

Nebelhorn 65
Nesselwang 93
Neuschwanstein 101
Niedernach 168

Oberalting 29
Oberammergau 131, 132
Oberau 134, 135
Oberjoch 79
Obermühlthal 24
Oberschleißheim 57, 58, 59
Obersee 99
Oberstdorf 63, 64
Oderding 107
Olympische
Regatta-Anlage 59
Osterfelderkopf 140
Osterseen 13
Ostrach 78
Ottobeuren 89

Pähler Schlucht 34
Partenkirchen 139
Partnachklamm 141
Paterzell 111
Peißenberg 112
Peiting 114
Percha (Strandbad) 17
Petersberg 55
Pfaffenwinkel 117

Pflaumdorf 39
Pfronten 92
Pilsensee 27
Pitzling 44
Pocci-Schloss 19
Pössinger Au 44
Polling 107
Possenhofen (Schloß) 21
Prälatenweg 107, 150
Puch 48

Raisting 35
Ramsach 128
Rappinschlucht 165
Reismühl 24
Reutberg (Kloster) 169
Rieden 91
Riederau 38
Riessersee 141
Riezlern 66
Rissbachtal 161
Romanshöhe 132
Roseninsel 22
Rottenbuch 117

Sankt Anton am Berg 135
Sankt Johann 36
Sankt Leonhard im Forst 111
Sankt Ottilien 40
Schachenhaus 155
Scheibum 122
Schleierfälle 122
Schöllang (Burgkirche) 63
Schönberg 118
Schondorf 38
Schongau 115
Schwaig (Wanderung) 13
Schwaiganger (Gestüt) 128
Schwangau 96
Seefeld (Schloss) 27
Sonthofen 73
Staffelsee 125
Starnberg 16
Starnberger See 16
Starzlachklamm 74
Steingaden 119
Sterz 12
Stillachtal 67

Sturmannshöhle 70
Sulzberg 87
Super 8 vom Ammersee 45
Sylvenstein-Stausee 160

Tegelberg 99
Trettachtal 69
Tutzing 20

Uffing 128
Unering 28
Unterammergau 13
Urfeld 168
Ussenburg 91

Wackersberg 173
Walchensee 167, 168
Walchensee-Kraftwerk 149
Waldschmidt-Schlucht 20
Waldschwaigsee 51
Wallgau 155
Wank 136
Wartaweil 32
Weidmoos 131
Weilheim 106
Weißensee 91, 99
Wengen 85
Wertachschlucht 94
Weßlinger See 26
Wessobrunn 109, 110
Westl. Karwendelspitze 153
Wieskirche 120
Wiggensbach 84
Windach 39
Wörthsee 28
Würmtal 24

Zugspitze 143, 144
Zwergern 168

Ausflugsraum	Zahl der Ziele nach Freizeitkategorien					
	Landschaft	Kultur	Freizeit	Wandern	Radeln	Kinder
1 Osterseen	1	2	–	3	–	–
2 Starnberger See	4	6	3	5	–	4
3 Würmtal	–	3	3	2		
4 Fünfseenland	4	4				
5 Ammersee	4					
6 Landsberg	–					
7 Fürstenfeldbruck	3					
8 Dachau	3					
9 Oberstdorf	8	3	1	7	1	3
10 Alpsee / Oberjoch	6	4	2	2	–	3
11 Kempten	1	5	3	3	–	5
12 Ostallgäu	2	5	1	3	1	3
13 Füssen	2	6	–	4	–	2
14 Weilheim	3	4	3	2	–	3
15 Schongau	1	4	2	1	–	4
16 Pfaffenwinkel	3	4	–	3	–	2
17 Staffelsee	4	1	1	3	1	2
18 Oberammergau	1	4	1	1	–	3
19 Loisachtal	2	1	–	2	–	1
20 Garmisch-Partenk.	7	2	2	4	–	3
21 Kochelsee	1	5	2	3	–	3
22 Mittenwald	8	4		4	1	2
23 In der Eng	4	2	1	3	1	2
24 Jachenau	4	–	–	3	1	–
25 Bad Tölz	–	4	4	5	–	2